Clickertraining für Ihre Wünsche
oder
Behandeln Sie das Universum wie einen Hund!

Anna G. Shiney

Clickertraining für Ihre Wünsche

Behandeln Sie das Universum wie einen Hund!

Anna G. Shiney

AdlA

Die Deutsche Bibliothek verzeichnet diese Publikation in der Deutschen Nationalbibliografie; detaillierte bibliografische Daten sind im Internet über http://dnb.ddb.de abrufbar.

Shiney, Anna G:
Clickertraining für Ihre Wünsche – Behandeln Sie das Universum wie einen Hund! / Anna G. Shiney.
1. Auflage – Hattersheim: AdlA Papageienhilfe gGmbH, 2011

Alle Angaben in diesem Buch sind sorgfältig geprüft und geben den neuesten Wissensstand bei der Veröffentlichung wieder. Da sich das Wissen aber laufend weiterentwickelt und vergrößert, muss jeder Anwender prüfen, ob die Angaben nicht durch neuere Erkenntnisse überholt sind. Eine Haftung der Autorin beziehungsweise des Verlags und seiner Beauftragten für Personen-, Sach- und Vermögensschäden ist ausgeschlossen.

Layout: Anna G. Shiney
Umschlag: Annie Anderssen / Anna G. Shiney
Lektorat: Thilo Hagen

©2012 AdlA Papageienhilfe gGmbH
Neckarstraße 23, 65795 Hattersheim
www.annashiney.com

Printed in Germany
ISBN 978-3-939770-74-9
PDF: ISBN 978-3-939770-75-6
epub: ISBN 978-3-939770-76-3

Dieses Buch ist all den Menschen gewidmet, die es wagen, nach den Sternen zu greifen.

Inhalt

Anna G. Shiney

1. Vorwort

Das Gesetz der Anziehung verspricht Ihnen die magische Erfüllung Ihrer tiefsten Wünsche, wenn Sie es doch nur schaffen würden, es richtig anzuwenden. Trotz umfangreicher Literatur, CDs und DVDs zum Thema Wunscherfüllung, ist die Realität für viele von uns, dass die Ergebnisse unsere Manifestierversuche erheblich zu wünschen übrig lassen. Genauso war es auch für mich.

Ein großes Problem waren die Unterlagen, die ich zum Thema Wunscherfüllung durcharbeitete. Sie waren vage in ihren Anleitungen oder furchtbar kompliziert oder beides. Sie beschrieben zwar was ich tun sollte, aber informierten mich nicht über das Wie. Darüberhinaus erschien mir das Was ziemlich unmöglich. Die Unterlagen forderten komplette mentale Kontrolle: Kontrolle darüber, was ich dachte oder fühlte, ja, sogar Kontrolle darüber, was mein Unterbewusstsein dachte oder fühlte. Meine Realität war jedoch, dass ich die meiste Zeit noch nicht einmal wusste, was ich dachte oder fühlte, geschweige denn in der Lage war, dies auch noch zu kontrollieren.

Diese Anleitungen schienen wunderbar für die Personen zu funktionieren, die diese Programme verkauften, wie man unschwer an Fotos eben dieser Personen vor großen Häusern, dicken Autos und auf Yachten erkennen konnte. Für mich funktionierte es jedoch überhaupt nicht. Ich fühlte mich frustriert, unfähig und inadäquat. Meine Manifestationsergebnisse waren entsetzlich. Meine Wünsche hingegen blieben groß. Chaos bestimmte mein Leben. Alles, was schiefgehen konnte, ging schief. Ich war ohne Unterlass beschäftigt, überfordert and erschöpft, während ich versuchte, das jeweils letzte Feuer zu löschen – nur noch reagierend, während ein Problem nach dem anderen über mich hereinbrach. Jedes Mal wenn ich dachte, schlimmer könne es gar nicht werden, wurde es noch schlimmer. Ich verzweifelte.

Aber dann kam mein persönlicher Durchbruch. Während meiner Heimfahrt vom Einkaufen, lauschte ich einem Hörbuch über Manifestierung als mir plötzlich auffiel, dass die Botschaft, die ich wieder und immer wieder in diesen Programmen hörte, mich stark ans Clickertraining erinnerte. Dies ist eine Tiertrainingsmethode, die ich sehr gut kenne. Nicht nur praktiziere ich sie seit vielen Jahren, ich schrieb sogar mehrere Bücher zu diesem Thema. Auf einmal war mir völlig klar, was zu tun war. Das Universum wollte – nein, musste – wie ein Hund behandelt werden. Um es zu trainieren musste ich nur die Dinge, die ich wollte, mit großzügiger Aufmerksamkeit verstärken und die Dinge, die ich nicht wollte, ignorieren. Konnte es wirklich so einfach sein?

Ich fing an, den vielen guten Dingen, die das Universum mir täglich zur Verfügung stellte, Beachtung zu schenken. Diese Dinge verstärkte ich weiter, indem ich dem Universum für sie dankte und sie liebte. Gleichzeitig ignorierte ich die Schlaglöcher meines Lebens. Nach einiger Zeit wurde mir dies zur Gewohnheit. Der erste Effekt war, dass ich mich schlichtweg glücklicher fühlte. Aber, noch besser, es funktionierte! Es funktionierte richtig gut! Schritt für Schritt trainierte ich das Universum aus dem Chaos meines Lebens heraus. Gleichzeitig zog ich zunehmend positive Umstände in mein Leben, durch die ich mich friedlich, glücklich und in Kontrolle fühlte.

Clickertraining mit dem Universum durchzuführen war mein persönlicher Durchbruch, das Gesetz der Anziehung erfolgreich anzuwenden und zu einem erfolgreichen Manifestierer zu werden. Vielleicht – so hoffe ich – wird es auch Ihr Durchbruch. Clickertraining mit dem Universum durchzuführen, ist genauso einfach, wie ein

11

Tier damit zu trainieren. Falls Sie jemals Clickertraining bei einem Tier als Trainingsmethode angewendet haben, sollte diese Vorgehensweise recht einfach für Sie sein. Falls nicht, ist dies auch kein Beinbruch. Clickertraining ist sehr leicht zu erlernen. In diesem Buch zeige ich Ihnen genau, was und wie Sie Ihr Clickertraining mit dem Universum durchführen müssen, um Erfolg beim Manifestieren zu haben.

Viel Spaß beim Training und liebe Grüße,
Anna.

2. Verhalten, Training und das Gesetz der Anziehung

Bevor wir mit dem Training anfangen können, möchte ich Ihnen kurz erläutern, wie Verhalten geformt wird. Mit dieser Grundlage können die Prinzipien und die Anwendung des Clickertrainings besser verstanden und umgesetzt werden.

VERHALTEN UND WIE ES ENTSTEHT

Jedes Lebewesen, unabhängig davon, ob es wild oder zahm, Mensch, Tier oder sogar das Universum ist, zeigt dauerhaft nur Verhaltensweisen, die sich für es auf irgendeine Weise lohnen.

Sie gehen zum Beispiel nur weiterhin zur Arbeit, wenn Sie dafür mit Geld oder einer anderen Belohnung wie Anerkennung bezahlt werden. Wenn Ihr Arbeitgeber

Sie wiederholt nicht bezahlt, werden Sie irgendwann aufhören, für ihn zu arbeiten. Ihr Verhalten, zur Arbeit zu gehen, wurde in dem Fall nicht verstärkt. Also hören Sie mit der Zeit auf, dieses Verhalten zu zeigen. Es hat sich für Sie nicht gelohnt.

Ein anderes Beispiel: Ihr Arbeitgeber bezahlt Sie für die Zeit, die Sie am Schreibtisch sitzen, aber nicht für die Zeit, in der Sie Kunden besuchen. In dem Fall würden Sie wesentlich mehr Zeit am Schreibtisch verbringen als mit Kundenbesuchen. Also wird auch Ihr Verhalten durch Belohnungen gesteuert.

Ihr Hund verhält sich genauso. Er wird Ihnen Gegenstände apportieren, wenn Sie ihn dafür mit Lob oder Leckerlis belohnen. Er wird aufhören zu apportieren, wenn Ihre Reaktionen sich für ihn nicht lohnen. Wenn Sie möchten, dass Ihr Hund Ihnen nur ganz bestimmte Gegenstände bringt, kann das Training durch Mangel and Verstärkung erschwert werden. Nehmen Sie zum Beispiel an, dass Ihr Hund lernen soll, für Sie einen gelben Ball zu apportiert. Er läuft los und bringt Ihnen einen grünen Ball. Dafür belohnen Sie ihn natürlich nicht. Schließlich wollten Sie den gelben Ball. Vielleicht schimpfen Sie sogar mit Ihrem Hund, bevor Sie ihn wieder losschicken. Etwas verwirrt läuft Ihr Hund noch einmal los und bringt Ihnen nun einen blauen Ball. Wiederum geben Sie ihm keine Belohnung. Sie wollen schließlich den gelben Ball. Wieder läuft Ihr Hund los und bringt Ihnen dieses Mal einen roten Ball. Wieder wird Ihr Hund dafür nicht belohnt. Sie wollen immer noch den gelben Ball. Völlig verwirrt und frustriert gibt Ihr Hund auf und rollt sich stattdessen in seinem Körbchen zusammen. Nun sind Sie an der Reihe wirklich frustriert zu sein. So ein dummer Hund. Er ist einfach zu dickköpfig, hört nicht und bringt Ihnen nie, was Sie wollen. Sie werden einfach nichts mehr von ihm verlangen. Vielleicht sollten Sie ihn einfach abgeben. Niemand kann mit einem Hund zusammenleben, der einfach nicht hört.

Einige Wochen später begegnen Sie Ihrem ehemaligen Hund mit seinem neuen Besitzer im Park. Sie können Ihren Augen kaum trauen. Auf Kommando apportiert er mühelos nicht nur den gelben Ball, sondern auch den blauen und den roten. Das ist nicht fair! Sie hatten sich solche Mühe mit dem Training gegeben und sein neuer Besitzer schafft es scheinbar völlig mühelos, dass der Hund alles macht, was er will.

Oh nein! Dies bedeutet vermutlich, dass Sie wertlos sind. Dass Sie es einfach nicht verdient haben, einen gehorsamen Hund zu haben. Oder Sie sind einfach zu dumm, selbst einen blöden Köter zu trainieren.

Sie lachen? Genau dies ist jedoch – unglücklicherweise – die Art und Weise, wie viele von uns mit dem Universum umgehen. Sollten wir also wirklich überrascht sein, dass wir es nicht schaffen, unsere Wünsche zu manifestieren?

Wären Sie ein erfahrener Hundetrainer gewesen, hätte sich die Geschichte zwischen Ihrem Hund und Ihnen völlig anders und wesentlich glücklicher für Sie beide abgespielt. Ein guter Trainer macht es seinem Schützling einfach, erfolgreich zu sein. Er wird seinen Hund dabei erwischen, wenn er etwas richtig macht und ihn dafür belohnen. Es ist sehr leicht, das Verhalten des Tiers auf diese Weise bis hin zu einem bestimmten Trainingsziel auszuformen. Mit der Zeit wird das Tier mehr und mehr richtig machen und zu einem wundervollen Gefährten werden.

Wie hätten Sie es also besser machen können? Hätten Sie Ihren Hund dafür belohnt, Ihnen irgendeinen Ball zu bringen, hätte er gelernt, für Sie mit Begeisterung zu apportieren, wann immer Sie ihn darum bäten. Nachdem diese Übung erlernt wäre, würden Sie Ihrem Hund dafür danken, wenn er Ihnen irgendeinen Ball apportierte. Doch wenn er Ihnen den gelben Ball brächte, würden Sie ihn wie einen Star feiern und ihm einen dicken Leckerli-Jackpot geben. Was meinen Sie, wie lange es dauern würde, bis Ihr Hund Ihnen vorzugsweise den gelben Ball bringen würde?

Genau wie ein Hund wird das Universum Ihnen mit Freude bringen, was immer Sie möchten, wenn Sie mit ihm umgehen, wie ein guter Trainer es sollte.

WAS IST CLICKERTRAINING?

Training ist am erfolgreichsten, wenn Sie es schaffen, genau das Verhalten zu verstärken, von dem Sie wünschen, dass Ihr Hund es öfter zeigt. Je präziser das Timing Ihrer Belohnungen ist, desto schneller wird Ihr Tier das gewünschte Verhalten erlernen. In der Praxis ist es jedoch bei vielen Übungen unmöglich, ein Tier zeitgleich mit dem gezeigten Verhalten zu belohnen.

Dies erschwert den Lernprozess. Wenn die Verstärkung nicht zeitgleich mit dem erwünschten Verhalten erfolgt, weiß das Tier nicht genau, wofür es eigentlich belohnt wurde. Hier kommt der Clicker zuhilfe.

Der Clicker ist ein kleines Werkzeug, das ein Click-Geräusch von sich gibt, wenn es betätigt wird. Sie kennen den Clicker eventuell aus Ihrer Jugend als Knackfrosch. In einem Prozess, der als Clicker konditionieren bezeichnet wird, verknüpft der Trainer den Clicker mit einer Belohnung. Das Tier lernt, dass es eine Belohnung erhält, wenn der Clicker ertönt. Nachdem der Clicker so vorbereitet wurde, kann der Trainer ihn dazu verwenden, das erwünschte Verhalten präzise in dem Moment zu markieren, in dem es gezeigt wird. Anschließend hat der Trainer ein paar Sekunden Zeit, um dem Tier die tatsächliche Belohnung zu geben. Aufgrund dieser Präzision kann der Trainer genau kommunizieren, welches Verhalten die Belohnung erwirkte. Dadurch lernt das Tier wesentlich schneller als mit anderen Trainingsmethoden.

WARUM KEINE STRAFEN?

Beim Clickertraining konzentrieren wir uns auf die positive Verstärkung von erwünschtem Verhalten. Unerwünschtes Verhalten wird ignoriert, nicht bestraft. Bestrafung wird nicht verwendet, da es unabsichtlich auf unerwünschtes Verhalten verstärkend wirken kann, abgesehen natürlich von den ethischen Implikationen, die Bestrafungen mit sich bringen können.

Stellen Sie sich als Beispiel für die mögliche verstärkende Wirkung von Bestrafungen vor, dass Ihr Hund vor der Tür sitzt und hinein möchte. Wenn der Hund an der Tür kratzt und jault, brüllen Sie „Nein! Aus!". Wird diese Reaktion Ihren Hund davon abhalten, die Tür zu zerkratzen und zu jaulen? Sicherlich nicht. Die Realität ist, dass für Ihren Hund selbst negative Aufmerksamkeit besser ist, als gar nicht beachtet zu werden. Er hat somit gelernt: „Wenn ich an der Tür kratze und jaule, bekomme ich Aufmerksamkeit."

Das Universum benimmt sich genauso. Man kann dies häufig bei Menschen beobachten, die sich um etwas sorgen. Sie denken: „Oh nein! Bitte mach', dass das nicht passiert!" Dieses geistige Nein ist außerdem noch mit starken Gefühlen verknüpft. Dreimal dürfen Sie raten, was passiert. Ja, genau! Das Universum liefert zuverlässig jedes Mal genau diese unerwünschte Situation bis an die Haustür. Also lassen Sie es! Schenken Sie unerwünschten Ereignissen oder Ergebnissen bitte keinerlei Aufmerksamkeit. Denken Sie noch nicht einmal daran! Es wird die Situation nur verschlimmern und für Sie genau das, was Sie nicht wollen, manifestieren.

SUBSTITUTION

„Tu dies nicht!", „Tu das nicht!". Ich weiß. Irgendetwas nicht zu tun oder nicht daran zu denken, ist unendlich schwer. Deshalb werden wir einen kleinen Trick anwenden. Anstatt an etwas Unerwünschtes nicht zu denken, werden wir an etwas denken, das wir möchten und wodurch wir uns gut fühlen. Im Idealfall ist dies eine Sache, die das unerwünschte Resultat gleichzeitig unmöglich macht. Dies wird Substitution genannt und wird im Tiertraining häufig verwendet, um unerwünschte Verhaltensweisen abzugewöhnen.

Ein Beispiel dafür wäre ein Hund, der wie verrückt kläfft, wenn sich jemand Ihrer Wohnungstür nähert. Ein solches Verhalten kann natürlich – nicht nur für Sie, sondern auch für Ihre Nachbarn – nervtötend sein. Wenn Sie richtig Pech haben, können Sie deswegen sogar Ihre Wohnung verlieren. Also versuchen die meisten Hundebesitzer, ihren Hund zu beruhigen. Der Hund erhält somit Aufmerksamkeit, wenn er durchdreht, sobald jemand an die Tür kommt. Dies verstäkt das unerwünschte Verhalten. Viel besser wäre es, wenn Sie Ihrem Hund zum Beispiel beibrächten, Ihnen ein Spielzeug zu apportieren, wann immer es an der Wohnungstür klingelt. Es ist unmöglich für Ihren Hund gleichzeitig zu kläffen und etwas in seiner Schnauze zu tragen. Problem gelöst.

Mit dem Universum verfahren wir gleichermaßen. Stellen Sie sich vor, Ihr Auto ist eine alte Rostlaube, die aus dem letzten Loch pfeift. Sie müssen aber unbedingt pünktlich zu einem wichtigen Termin kommen. Normalerweise würden Sie sich ohne Unterlass Sorgen darüber machen, ob Ihr Auto die Strecke schafft, ob Sie zu spät kommen werden, welche Entschuldigungen Sie Ihren Gesprächspartnern geben werden und so weiter und so fort. Eine weitaus bessere Vorgehensweise wäre hingegen, dass Sie sich vorstellen 15 Minuten zu früh,

völlig entspannt und gut gelaunt an Ihrem Ziel anzu-
kommen. Machen Sie diese Vorstellung echt. Schmücken Sie sie aus. Sie könnten zum Beispiel im Geiste
einen Schwatz mit der Rezeptionistin halten, während
Sie auf den Beginn Ihres Termins warten.

In diesem fiktiven Gespräch würden Sie Ihr erzählen,
dass der Verkehr flüssig war. Sie könnten von Ihrem
wunderbaren alten Auto erzählen, das so zuverlässig
ist und Sie schon seit Jahren sicher überall hinbringt.

Diese Vorstellung ist eine Substitution für die Gesche-
hensvariante, dass Ihr Auto zusammenbricht. Es macht
diese Variante schlichtweg unmöglich. Gleichzeitig
senden Sie richtig viel positive Energie bezüglich Ihres
Autos und Ihrer Reise zum Universum. Das unerwünschte Endergebnis hingegen bekommt keinerlei
Energie mehr. So einfach geht das!

3. Bevor wir anfangen

Um beim Manifestieren die besten Ergebnis zu erzielen, gibt es mehre wichtige Themen, die wir besprechen sollten, bevor wir – endlich – mit dem Clickertraining des Universums beginnen.

ÜBUNG MACHT DEN MEISTER

Wunscherfüllung ist keine Magie. Es ist nicht für irgendwelche Gurus reserviert. Es ist einfach eine weitere Fähigkeit, die man erlernen kann. Wie bei jeder Fähigkeit wird das Meistern manchen Menschen leichter fallen als anderen. Aber erlernt werden kann es von allen. Manifestieren wird Ihnen auch nicht magisch, allein durch das Lesen eines Buches zufallen. Sie müssen diese Methode üben, bis sie wirklich sitzt.

Versagensängste

Das Schlimmste, das Sie tun können während Sie lernen zu manifestieren, ist nichts zu tun. Leider begehen viele Anfänger genau diesen Fehler. Sie wollen perfekt sein, bevor sie überhaupt angefangen haben zu manifestieren. Leider bedeutet dies nur zu oft, dass sie gar nicht erst anfangen.

Eine andere Variante desselben Themas sind Anfänger, die zwar beginnen, Manifestierungsübungen durchzuführen, aber aufgeben, wenn es nicht sofort klappt. Das ist völlig verkehrt. Wie alle anderen erlernbaren Fähigkeiten müssen Sie auch Wunscherfüllung üben, um sie richtig zu erlernen.

Sie müssen viele Male vom Fahrrad fallen, bis Sie ohne Stützräder fahren können. Noch mehr Übung und Stürze sind erforderlich, bis Sie Kunststücke mit Ihrem Fahrrad zeigen können. Beim Manifestieren ist es nicht anders! Geben Sie nicht auf!

Wenn Ihre Manifestierungen zunächst nicht funktionieren oder sich anders als erwartet verwirklichen, sollten Sie unbedingt trotzdem weiter üben! Clickertraining für das Universum ist eine Trainingsmethode, die Fehler vergibt und ungeheuer effektiv ist, wenn sie erst einmal erlernt ist. Aber Sie müssen dran bleiben.

Gebrauchsanleitung für dieses Buch

Beim Arbeiten mit diesem Buch sollten Sie die Kapitel und Übungen in der vorgegebenen Reihenfolge durcharbeiten. Die Übungen bauen aufeinander auf.

Sie sollten jede Übung gründlich geübt haben, bevor Sie mit der nächsten anfangen. Wenn Sie versuchen, durch die Übungen hindurchzueilen, werden Sie später bei den fortgeschritteneren Übungen Schwierigkeiten bekommen. Ihnen würde die solide Grundlage zum Manifestieren fehlen, die Sie durch gründliches Üben der vorhergehenden Übungen gelegt hätten.

Wann immer Sie mit einer neuen Übung anfangen und diese einfach nicht für Sie funktioniert, ist die Wahrscheinlichkeit hoch, dass Sie zu schnell vorangegangen sind. In dem Fall gehen Sie am Besten in Ihren Übungen einen Schritt zurück. Üben Sie die vorhergehende Übung so lange intensiv durch, bis sie wirklich sitzt. Nur dann sollten Sie zur nächsten Übung voranschreiten.

DIE STIMMUNG DES TRAINERS

Im Tiertraining ist es ein bekanntes Phänomen, dass Tiere unsere Gefühle widerspiegeln. Wenn Sie schlecht gelaunt sind und versuchen, Tiere zu trainieren, wird es bestenfalls nicht funktionieren. Schlimmstenfalls werden Sie gebissen. Beim Training mit dem Universum ist es nicht anders. Wenn Sie schlecht gelaunt sind, wird nichts so funktionieren, wie Sie es möchten. Wir alle kennen doch solche Tage, an denen wir mit dem falschen Fuß aufgestanden sind. Im Laufe des Tages wird „alles" schlimmer und schlimmer, bis Sie sich wünschten, Sie wären gar nicht erst aufgestanden. Wenn Sie also das Universum trainieren möchten, sollten Sie sich unbedingt erst einmal auf Ihre Mitte besinnen und zusehen, dass Sie sich gut fühlen. Gehen Sie spazieren, trinken Sie eine Tasse Tee oder schauen Sie sich eine Komödie im Fernsehen an, bis es Ihnen wieder gut geht. Ansonsten wird es die Mühe nicht wert sein, die Manifestierungsübungen überhaupt zu versuchen. Es wird nicht funktionieren. Deshalb empfehle ich Ihnen auch generell, vor Ihrem Training ein paar Aufwärmübungen durchzuführen – wie es ein Athlet machen würde. Tolle Aufwärmübungen sind zum Beispiel die Liebe- und Dankbarkeitsübungen, die ich Ihnen im nächsten Kapitel zeige.

SPIEL UND SPASS

Beim Manifestieren werden Sie die besten – oder überhaupt – Ergebnisse dann erhalten, wenn Sie sich dabei glücklich fühlen. Sie sollten deshalb an jede Trainingseinheit spielerisch und mit Freude herangehen. Fleiß und Disziplin, das Weiterdurchbeißen, wenn man überhaupt keine Lust mehr dazu hat, ist sicherlich eine gute Strategie, wenn man für Examen büffelt. Es funktioniert aber definitiv nicht beim Trainieren des Universums. Dieses Buch und die Übungen darin sollen Ihnen Spaß machen. Sie müssen Ihnen sogar Spaß machen, wenn sie funktionieren sollen! Müdigkeit, Unwohlsein, Frustration oder jegliche anderen negativen Gefühle Ihrerseits, die Sie beim Training verspüren, sind Hinweise, dass Sie eine Pause machen sollten. Gehen Sie spazieren, schauen Sie sich einen lustigen Film an, backen Sie Brot oder meditieren Sie. Tun Sie, was immer Ihnen hilft, sich leicht und positiv zu fühlen. Nur dann sollten Sie mit dem Training fortfahren.

WIDERSTAND

Wenn wir beginnen, mit dem Gesetz der Anziehung zu arbeiten, regen sich häufig innere Widerstände, die unsere Manifestierungsversuche sabotieren. Diese Widerstände können sich zum Beispiel als maulende innere Stimme zeigen, die Ihnen sagt, dass das Manifestieren ohnehin nicht funktionieren wird. Sie können auch als Störungen auftreten, die immer dann passieren, wenn Sie gerade mit Ihrem Manifestierungstraining anfangen wollten. Widerstände können sich auch dadurch zeigen, dass Sie schlichtweg ständig vergessen, Ihre Manifestierungsübungen durchzuführen. Unabhängig davon, wie Widerstände bei Ihnen in Erscheinung treten, ist es deren Ziel, Sie zu schützen, indem sie Ihre Versuche zu manifestieren unterbinden.

Ich nenne diese Widerstände meinen inneren Polizisten. Er möchte, dass ich mich an all die Regeln halte, die mein Unterbewusstsein über die Jahre angesammelt hat, unabhängig davon, ob diese Regeln im Hier und Jetzt zweckdienlich sind. Unser innerer Polizist ist kein gemeiner Kerl. Er versucht lediglich, uns zu schützen. Leider empfindet er jedoch jegliche Änderung als Bedrohung. Würden wir zum Beispiel reich und glücklich werden, könnten wir unsere Freunde verlieren, entführt werden, Betrügern zum Opfer fallen, selber zu schrecklichen Menschen werden oder welches

Horrorszenario auch immer unserem inneren Polizisten zu diesem Thema einfällt. Er versucht außerdem, uns vor Enttäuschungen zu bewahren, falls wir mit unseren Manifestierungsversuchen nicht erfolgreich sein sollten. Unser glückliches Selbst, das ein besseres Leben manifestieren möchte, ist ihm hochgradig suspekt. Es hat jeglichen Bezug zur Realität verloren, unterliegt schlimmster Selbsttäuschung und erinnert ihn viel zu sehr an irgendwelche „Hippies", die Drogen nehmen, einer Sekte beitreten oder sogar im Gefängnis landen könnten.

Unabhängig von der Motivation und den Sorgen unseres inneren Polizisten, ist er ein definitives Hindernis auf dem Weg zum erfolgreichen Manifestieren. Häufig ist er damit auch sehr erfolgreich. Manifestierungsanfänger fallen seinen Störungen häufig zum Opfer und ihre Manifestierungsversuche versagen. Daraus schließen sie, dass Manifestieren Blödsinn ist und ohnehin nicht funktioniert. Also hat der innere Polizist seine Mission mit Bravour erledigt.

Wenn wir also nicht in diese Falle tappen wollen, müssen wir unseren inneren Polizisten überlisten, indem wir unsere Manifestierungsversuche so unbedrohlich wie nur möglich gestalten. Deshalb beginnen wir mit Minischritten und einfachen Themen, die selbst den kritischsten inneren Polizisten nicht aus der Ruhe bringen können. Auf diese Weise schlüpfen wir unter seinem wachsamen Radar hindurch.

Als Erstes werden wir deshalb üben, mehr von den guten Dingen zu erhalten, die bereits Teil unseres

Lebens sind. An diese Dinge ist unser innerer Polizist breits gewöhnt. Sie fühlen sich für ihn sicher und überhaupt nicht gruselig an.

Anschließend werden wir damit anfangen, ganz kleine, unwichtige Dinge zu manifestieren, wie zum Beispiel einen 5-Euro-Schein oder einen guten Parkplatz. Dies hilft unserem inneren Polizisten, sich weiter zu entspannen. Erst später, wenn diese Übungen Routine geworden sind, werden wir uns ganz allmählich zu dramatischen Änderungen in unserem Leben voranarbeiten. Also, halten Sie sich gut fest und genießen Sie die Reise!

SIE SIND ES WERT!

Ich bitte Sie! Haben Sie keine Schuldgefühle dafür, dass Sie zu viel manifestieren oder um zu viel bitten könnten. Zuallererst – genau wie jedes andere Lebewesen! – sind Sie es wert. Zweitens, manifestieren Sie ohnehin jede Sekunde Ihres Lebens. Der einzige Unterschied ist, dass Sie es von nun an bewusst tun. Endlich denken Sie darüber nach, was Sie alles in Ihrem Leben kreieren möchten. Anstatt, dass Sie Ihre Gedanken und Gefühle völlig außer Rand und Band durch die Gegend toben lassen und dadurch völlig unkontrolliert allen möglichen Kram – guten wie auch schlechten – manifestieren, geben Sie dem Ganzen jetzt eine Richtung.

Meines Erachtens ist es vorzuziehen, sein Manifestierungspotenzial mit Bedacht anzuwenden anstatt es völlig sinnlos zu verschwenden, so wie es die meisten von uns leider machen. Sie sind verantwortlich für das, was Sie kreieren, unabhängig davon, ob Sie die Dinge bewusst oder unbewusst manifestiert haben. Gehen Sie sorgfältig mit dieser Verantwortung um.

4. Trainingsleckerli für das Universum

Angemessene Belohnung sind beim Training unabding-
bar, um erwünschtes Verhalten verstärken zu können.
Beim Training mit Tieren wird der Trainer normalerweise einen Leckerlitest durchführen. So stellt er fest,
was das Lieblingsleckerli seines Schülers ist. Danach
gibt es dieses Lieblingsleckerli nur noch beim Training.
Dadurch ist das Tier natürlich noch erpichter auf den
Leckerbissen und hochmotiviert beim Training, weil
es unbedingt sein Lieblingsleckerli erhalten möchte.
So wird sein Lieblingsleckerli zum Superleckerli, für
das es „auf dem Bauch durchs Feuer robben" würde.
Mit dem Universum ist es nicht anders. Auch dieses
muss mit einem Lieblingsleckerli für die erwünschten
Verhaltensweisen gezielt belohnt werden.

Des Universums Lieblingsleckerli

Bei der Arbeit mit dem Universum ist es im Gegensatz zur Arbeit mit Tieren für uns nicht nötig das Lieblingsleckerli auszutesten. Das „Tier" ist für uns alle dasselbe und seine Lieblingsleckerli sind uns bestens bekannt. Diese sind starke Gefühle, unabhängig davon, ob es sich hierbei um positive oder negative Emotionen handelt. Da wir jedoch versuchen, positive Ergebnisse zu manifestieren, sollten wir uns tunlichst auf positive Gefühle konzentrieren.

Würden wir negative Gefühle als „Lieblingsleckerli" beim Training verwenden, wäre es ziemlich schwierig für uns, gleichzeitig unsere Aufmerksamkeit auf positive Ergebnisse zu fokussieren. Die Gefahr wäre groß, dass wir uns stattdessen auf negative Ergebnisse fokussieren und diese manifestieren würden. Warum sollten wir dieses Risiko eingehen wollen?

Die stärksten aller positiven Gefühle sind Liebe und Dankbarkeit. Aus diesem Grund werden wir diese beiden Gefühle als „Leckerli" verwenden, wenn wir Clickertraining mit dem Universum üben.

Die Leckerligabe

Nachdem wir nun also wissen, was unsere Trainingsleckerli für das Universum sind, stellt sich natürlich die Frage, wie wir ihm diese Leckerli „zuwerfen" können. Die Leckerligabe an das Universum erfolgt in der Praxis durch intensive Gefühle der Dankbarkeit und der Liebe, mit denen wir das Verhalten des Universums umgehend verstärken, wann immer es irgendetwas liefert, das wir mögen. Das bedeutet, dass wir in der Lage sein müssen, diese Gefühle jederzeit abrufen zu können. Nur wie? Denn dies ist manchmal nicht ganz einfach und zu anderen Zeiten – zum Beispiel wenn wir einen miesen Tag haben – so gut wie unmöglich. Des Rätsels Lösung ist, wie so oft im Leben, Übung. Wir üben intensive Gefühle der Dankbarkeit und der Liebe nach Bedarf zu generieren. Diese werden dann mit einem Auslösewort verknüpft. Wurde diese Verknüpfung erfolgreich hergestellt, genügt es, das Auslösewort zu sprechen oder sogar nur zu denken, um mit den entsprechenden Gefühlen überflutet zu werden. Die folgende Übung zeigt, wie wir genau dies durchführen.

ÜBUNG 4.1: DANKBARKEIT

Die Dankbarkeitsübung lehrt, wie Sie intensive Gefühle der Dankbarkeit generieren können, sobald Sie ein bestimmtes Auslösewort sprechen oder denken. Sie ist außerdem eine ausgezeichnete Aufwärmübung, bevor Sie mit dem eigentlichen Manifestiertraining beginnen.

Schritt 1: Dankbarkeit fühlen

Atmen Sie ein paarmal tief ein und aus, um sich zu entspannen. Dann erinnern Sie sich an eine Situation, in der die Dinge überraschend und überwältigend gut für Sie liefen. Leben Sie diese Situation in Gedanken noch einmal durch: Betrachten Sie jeden Aspekt und jedes

Detail bis Sie dieselbe Dankbarkeit wie damals empfinden. Atmen Sie tief und konzentrieren Sie sich auf diese Dankbarkeit. Tauchen Sie tief in diesen Moment ein, bis Sie vor Dankbarkeit geradezu platzen könnten. Fühlen Sie, wie diese Dankbarkeit durch Ihr Herz und Ihren ganzen Körper fließt und pulsiert.

Schritt 2: Verknüpfen der Dankbarkeitsgefühle mit dem Auslösewort

Wenn Sie vom Kopf bis zu den Zehenspitzen mit intensiven Dankbarkeitsgefühlen erfüllt sind, sagen Sie „Danke!". Suhlen Sie sich geradezu in diesen Dankbarkeitsgefühlen und sagen Sie wiederum „Danke!". Das Ziel hiervon ist es, die Dankbarkeitsgefühle mit dem Auslösewort „Danke!" zu verknüpfen. Nachdem Sie dies mehrfach geübt haben, wird das Sagen oder Denken des Auslösewortes automatisch diese starken Dankbarkeitsgefühle generieren. Machen Sie nun eine kleine Pause. Atmen Sie ein paarmal tief ein und aus. Trinken Sie etwas Wasser. Fertig für die nächste Runde?

Schritt 3: Üben

Gehen Sie mental wieder zu dem Gefühl der überwältigenden Dankbarkeit zurück. Es sollte dieses Mal bereits viel einfacher für Sie sein, dieses Gefühl hervorzurufen. Lassen Sie das Dankbarkeitsgefühl wachsen. Machen Sie es größer und intensiver. Und dann sagen Sie wieder „Danke!" während Sie sich auf das Gefühl konzentrieren. Wiederholen Sie diese Übung noch zwei bis drei weitere Male. Machen Sie dabei bitte nicht den Fehler, so lange weiterzumachen, bis Sie keine Lust mehr haben oder ermüden. Sie sollten aufhören, solange sich das Ganze noch immer einfach toll für Sie anfühlt. Ihr Geist, Ihr Herz und Ihre Seele sollen sich an das tolle Gefühl erinnern und nicht an das müde und frustrierte Gefühl, das Sie bekommen, wenn Sie weitermachen, obwohl Sie eigentlich keine Lust mehr haben.

Schritt 4: Üben, üben, üben

Beschwören Sie die geübte Situation mit den dazugehörigen intensiven Dankbarkeitsgefühlen täglich so oft wie möglich herauf. Bauen Sie dabei das Gefühl der Dankbarkeit immer weiter auf, bevor Sie „Danke!" sagen. Sie werden sehen, dass es zunehmend einfacher für Sie wird, diese Gefühle heraufzubeschwören. Denken Sie immer daran, diese Übung zu beenden, während Sie sich auf dem Höhepunkt Ihres Dankbarkeitsgefühls befinden.

ÜBUNG 4.2: LIEBE

Liebe ist die andere positive Spitzenemotion für das Training des Universums. Sie zeigt dem Universum Ihre volle Anerkennung für das, was Sie empfangen haben. Deshalb sollten Sie das Heraufbeschwören von intensiven Liebesgefühlen ebenfalls gründlich üben, bis Sie fähig sind, diese Gefühle wann und wo immer Sie sie benötigen – unabhängig von irgendwelchen Ablenkungen – abzurufen.

Verwenden Sie dafür genau dieselbe Methode, die Sie zum Erlernen der Dankbarkeitsübung verwendet haben. Anstatt „Danke!" verwenden Sie nun „Ich liebe es!" als Auslösephrase.

5. Erste Schritte: Mehr davon!

Wir beginnen unser Clickertraining für das Universum damit zu lernen, wie wir mehr von den guten Dingen, die wir bereits haben, erhalten können. Wie in dem Beispiel mit dem Ball apportierenden Hund, fangen wir damit an, das Universum für all die Dinge, die es uns bereits bringt, zu belohnen.

Dies verstärkt das Universum für seine positiven Aktionen und regt es dazu an, uns noch mehr zu geben. Gleichzeitig ist dies auch eine tolle Übung, unseren „Clicker" und die Belohnung korrekt anzuwenden.

Das Clickerwort

Wenn wir das Universum trainieren wollen, müssen wir ihm exakt mitteilen, was wir wollen. Beim Tiertraining würden wir einen Clicker dazu verwenden, das erwünschte Verhalten zeitgenau zu markieren. Beim Training des Universums verwenden wir einfach ein Wort anstatt eines Clickers. Das hat den Vorteil, dass wir den „Clicker" immer dabei haben. Außerdem können wir ihn unauffällig anwenden, da wir das Wort auch denken können, anstatt es laut auszusprechen. Ich ziehe es vor, diskret mit meinem Clickertraining des Universums umzugehen. Möchten Sie wirklich Ihren Vorgesetzten, Kollegen oder Nachbarn erläutern, was Sie da gerade machen?

Mein bevorzugtes Clickerwort ist „Ja!". Wie ein Click ist es kurz und präzise. Es hat auch genau die richtige Bedeutung für mich. Wenn für Sie ein anderes Wort besser funktioniert, wie zum Beispiel „Meins!", „Haben!" oder „Apfel!" dann ist es völlig in Ordnung, wenn Sie dieses verwenden. Wichtig ist nur, dass das Wort kurz ist sowie einfach und mit der richtigen Bedeutung für alle Dinge und Situationen, die Sie mögen, von Ihnen angewendet werden kann. Wenn Sie mit Tieren trainieren, folgt auf das Click eine Belohnung. Beim Clickertrainng des Universums clicken Sie indem Sie mit Nachdruck „Ja!" sagen oder denken. Anschließend belohnen Sie das Universum, indem Sie emphatisch „Ich liebe es!" und „Danke!" sagen, während Sie die intensiven positiven Gefühle, die Sie damit verknüpften auch tatsächlich fühlen.

ÜBUNG 5.1 CLICK & BELOHNUNG

Wir sind jetzt so weit, mit unserer ersten Übung anzufangen. Finden Sie zuerst einen entspannten und ruhi-
gen Ort, an dem Sie ungestört sein werden.

Bevor Sie mit dieser oder irgendeiner anderen Übung
beginnen, sollten Sie sich stets aufwärmen, um Ihre
Gefühle auf ein positives und konstruktives Niveau zu
bringen. Am leichtesten erreichen Sie dies, indem Sie
die Übungen 4.1 und 4.2 des vorhergehenden Kapitels
durchführen. Aber Sie können selbstverständlich auch
jede andere Methode verwenden, die Ihnen zusagt.
Hauptsache, Sie fühlen sich anschließend richtig glücklich und positiv. Alles klar? Prima!

Fangen wir also mit der eigentlichen Übung an. Blicken Sie sich um. Sehen Sie irgendetwas, das Ihnen
gefällt? Vielleicht sehen Sie Ihre Kinder friedlich im
Garten spielen. Oder Sie mögen den Anblick Ihrer aufgeräumten Küchentheke. Vielleicht sind Sie froh, dass
Sie keine Kopfschmerzen haben. Oder Sie sehen ein
Buch, dass Sie gerne gelesen haben. Wählen Sie einfach
eine Sache, die Sie schätzen. Es ist völlig egal, was es
ist, solange es etwas ist, das Sie wirklich mögen. Zum
Beispiel schaue ich gerade auf ein Teelicht in einem
Glas aus rosafarbenen Mosaiksteinchen. Seine Flamme
flackert sanft. Es sieht so hübsch aus und gibt mir ein
Gefühl von friedvoller Gemütlichkeit. Dieses Teelicht
ist definitiv etwas, das ich schätze.

Nun sagen Sie mit Nachdruck „Ja!" beziehungsweise
das Clickerwort, das Sie gewählt haben. Dann belohnen Sie das Universum, indem Sie mit intensivem

Gefühl, während Sie weiter Ihre Aufmerksamkeit auf die Sache richten, „Ich liebe es!" und „Danke!" sagen. Fühlen Sie das Belohnungsgefühl ganz stark während Sie den gewählten Gegenstand noch ein bisschen länger anschauen und seinen Anblick genießen.

Das ist alles. Ziemlich einfach, oder nicht? Es ist übrigens egal, ob Sie die Worte laut aussprechen oder lediglich denken. Die damit verbundenen Gefühle sind es, auf die es ankommt. Wenn Sie also „Ja!" sagen oder denken, müssen Sie es wirklich von ganzem Herzen auch so meinen. Und auch die Belohnungen müssen, so wie wir es zuvor geübt haben, mit ganz starken positiven Gefühlen verbunden sein.

Als Nächstes blicken Sie wieder im Raum umher. Sehen Sie noch etwas anderes, das Sie mögen? Fokussieren Sie sich darauf und sagen Sie wieder „Ja!" beziehungsweise Ihr Clickerwort. Belohnen Sie das Universum wiederum mit „Ich liebe es!" und „Danke!", während Sie die Belohnungsgefühle ganz intensiv wahrnehmen. Genießen Sie den Anblick des Gegenstandes und fühlen Sie die positiven Gefühle noch ein bisschen länger. Schwelgen Sie darin.

Auf diese Weise fahren Sie fort, geschätzte Gegenstände im Raum zu würdigen. Bitte denken Sie dabei daran, aufzuhören bevor Sie beginnen zu ermüden oder sich zu langweilen. Beim Manifestieren geht es immer darum, sich gut zu fühlen und Spaß zu haben.

Sie können und sollten diese Übung täglich durchführen, um dem Universum zu zeigen, wie sehr Sie alles schätzen, das es für sie tut.

ÜBUNG 5.2: TÄGLICHE DANKBARKEITSLISTE

Viele Menschen, die erfolgreich manifestieren, erstellen täglich eine Liste der Dinge, für die sie dankbar sind. Ich empfehle Ihnen nachdrücklich, sich dies auch zur Gewohnheit zu machen. Es muss keine lange Liste sein: Drei bis fünf Punkte täglich sind völlig ausreichend. Dabei gehen Sie wie folgt vor:

- Beginnen Sie mit Ihren Aufwärmübungen.
- Suchen Sie sich fünf Dinge in Ihrem Leben aus, für die Sie dankbar sind.
- Schreiben Sie sie auf.
- Lesen Sie den ersten Punkt auf Ihrer Liste und clicken und belohnen Sie ihn mit allen positiven Gefühlen, die Sie heraufbeschwören können.
- Genießen Sie den Punkt und die damit verknüpften Gefühle noch ein bisschen länger.
- Dann wenden Sie sich dem nächsten Punkt Ihrer Liste zu. Clicken und belohnen Sie diesen wie gehabt.
- Fahren Sie fort, bis Sie jeden Punkt Ihrer Liste geclickt und belohnt haben.

Versuchen Sie, jeden Tag andere Dinge auf Ihre Dankbarkeitsliste zu schreiben. So werden Sie schnell erkennen, wie großzügig das Universum Ihnen gegenüber bereits war und wie viel Sie in Ihrem Leben haben, wofür Sie wirklich dankbar sein können.

Wenn Sie dieses Ritual abends direkt vor dem Zubettgehen durchführen, nehmen Sie all diese positiven Gefühle in den Schlaf mit, sodass sie nachts weiter für Sie arbeiten können. Führen Sie das Dankbarkeitsritual hingegen morgens durch, verhelfen Ihnen die positiven Gefühle zu einem guten Start in den Tag.

ÜBUNG 5.3: GRASEN

Grasen bezieht sich auf das Futterverhalten mancher Tiere. Sie gehen ihres Weges und fressen hier ein bisschen und da ein bisschen anstatt eine große Mahlzeit zu sich zu nehmen. Beim Clickertraining des Universums bietet sich das Grasen wirklich an. Statt formeller Übungsstunden können Sie den ganzen Tag grasen und all die vielen wunderbaren Dinge, die das Universum Ihnen präsentiert, aktiv wahrnehmen, clicken und belohnen. Dies hilft Ihnen, leichter zu manifestieren, da Sie sich dadurch während eines Großteils Ihres Tages in einem positiven Gemütszustand befinden und nicht nur während Ihrer Übungsstunden. Die positiven Gefühle, die Sie während des ganzen Tages mit sich führen, werden zunehmend positive Erfahrungen für Sie anziehen und in Ihr Leben integrieren.

Es gibt jeden Tag viele tolle Möglichkeiten zum Grasen. Sie können die Zeit auf dem Weg zur Arbeit, zur Ausbildungsstätte, zum Einkaufen oder zum Kundenbesuch nutzen. So können Sie zum Beispiel auf dem Weg zur Arbeit grüne Ampeln, grünende Bäume, Blumen im Park, lächelnde Fremde und vieles andere mehr clicken und belohnen. Es gibt mehr als genug Opportunitäten. Und es ist solch ein hervorragender Weg, den Tag zu beginnen. All die positiven Gefühle, die Sie auf dem Weg zur Arbeit oder Ausbildungsstätte fühlen, werden Ihnen dabei helfen, einen tollen Tag zu haben. Weitere Möglichkeiten zum Grasen gibt es während Arbeitspausen, in langweiligen Sitzungen, während Sie wartend in einer Schange stehen und natürlich auch auf dem Heimweg. Sie werden erstaunt sein, wie angenehm Sie Ihre Wartezeiten verkürzen können. Schon bald werden Sie bemerken, dass das Universum Ihnen mehr und mehr Geschenke liefert.

ÜBUNG 5.4: ERINNERUNGEN

Eine Variante des Grasens ist bestimmte Dinge als Erinnerungen für die Sachen zu verwenden, die Sie gerne manifestieren möchten. Dabei benehmen Sie sich immer noch wie ein weidendes Tier, aber wie eines, das nur eine bestimmte Sorte Beeren frisst. Wann immer es also Beeren der richtigen Art sieht, nimmt es diese auf. Beeren der falschen Art hingegen ignoriert es.

Verwenden wir Geld als Beispiel. Könnten wir nicht alle ein wenig mehr davon gebrauchen? In dieser Übung geht es darum, Ihre Aufmerksamkeit zu erhöhen für die vielen Male täglich, in denen wir in irgendeiner Weise mit Geld zu tun haben. Dies clicken und belohnen wir. Wenn wir also die Geld-Erinnerungsübung in unseren Tagesablauf integrieren, könnte dies wie folgt aussehen: Bevor Sie morgens das Haus verlassen, kontrollieren sie, wie viel Geld sich noch in Ihrer Börse befindet. Es sind nur noch zehn Euro vorhanden. Sie machen also eine mentale Notiz, zum Geldautomaten zu gehen. Bevor Sie aber Ihre Geldbörse wegstecken, schauen

Sie sich Ihre zehn Euro an und verstärken diese mit
einem emphatischen „Ja!", bevor Sie das Universum
mit einem emotional belegten „Ich liebe es!" und
„Danke!" belohnen. Während Sie das Haus verlassen,
fühlen Sie sich immer noch glücklich über Ihre zehn
Euro. Als Nächstes halten Sie kurz beim Bäcker, um
sich ein Brötchen zu holen. Sie geben der Kassiererin
Ihre zehn Euro, nachdem Sie diese in dem Bruchteil
einer Sekunde, den Sie benötigten, den Geldschein aus
der Börse zu ziehen, kurz geclickt und belohnt haben.
Wenn die Kassierin Ihnen Ihr Wechselgeld gibt, geben
Sie den Anschein, es zu nachzuzählen. In Wirklichkeit
clicken und belohnen Sie aber auch das Wechselgeld,
bevor Sie es wegstecken.
Während Sie die Straße heruntereilen, finden Sie einen
Cent, der in der Sonne glänzt. Natürlich heben Sie ihn
auf und freuen sich darüber, dass das Universum so
schnell auf Ihre Affirmationen reagiert hat und Ihnen
als Signal ein kleines Geldgeschenk macht. Erfreut
über dieses Zeichen, dass das Universum Ihnen zuhört,
clicken und belohnen Sie den Cent mit intensiven positiven Gefühlen. Als Nächstes halten Sie am Geldautomaten. Während er Ihnen das Geld ausgibt, freuen Sie
sich über das Aussehen, die Haptik und den Geruch der
frischen Scheine. Selbstverständlich denken Sie daran,
das Universum auch dafür zu clicken und zu belohnen.
Sie gehen weiter Ihres Weges und treffen auf einen Bettler, der mit einem Geldbecher am Straßenrand sitzt. Sie
bleiben stehen, um ihm ein wenig Ihres Wechselgeldes
zu geben. Auch Ihren gefunden Cent geben Sie ihm mit

einem Lächeln und der Hoffnung, dass sich ein wenig Ihres Glücks und Ihrer guten Laune auf den Bettler überträgt. Während Sie die Münzen in seinen Becher geben, clicken und belohnen Sie sie schnell, immer noch lächelnd über das Glück, das Sie dabei empfinden, ein wenig Ihres Überflusses mit dem Bettler teilen zu können. Er gab Ihnen dadurch die Möglichkeit, sich wohlhabend, rücksichtsvoll, glücklich, großzügig etc. zu fühlen. Mit einem breiten Lächeln gehen Sie weiter Ihres Weges.

Als Sie Ihr Bürogebäude betreten, sehen Sie eine Reklame für eine Lotterie, auf der riesige Mengen Geld dargestellt werden. Lächelnd clicken und belohnen Sie auch dies. Nachdem Sie an Ihrem Schreibtisch Platz genommen haben, bemerken Sie etwas Wechselgeld, das schon seit Ewigkeiten dort herumliegt. Natürlich clicken und belohnen Sie es. Während des Tages streifen Ihre Augen immer wieder über diese Münzen. Jedesmal müssen Sie unwillkürlich lächeln, während Sie immer wieder das Geld clicken und belohnen.

Etwas später treffen Sie Freunde zum Mittagessen. Sie bezahlen im Restaurant mit Ihrer Kreditkarte. Sie clicken und belohnen die Tatsache, dass Sie eine Kreditkarte haben und auch die Rechnung. Sie fühlen sich glücklich und dankbar, dass Sie in der Lage sind, Mittagessen zu gehen und die Rechnung zu bezahlen.

Nach dem Mittagessen gehen Sie kurz ins Internet, um ein Geburtstagsgeschenk für einen Freund zu kaufen. Sie bezahlen mit Paypal. „Ist das Geld?", fragen Sie sich? Selbstverständlich! Deshalb clicken und belohnen Sie den Betrag, bevor Sie die Bestätigung betätigen. Anschließend loggen Sie sich kurz in Ihr Online-Bankkonto ein, um Ihren Kontostand zu überprüfen. Auch diesen clicken und belohnen Sie. Am Abend kümmern Sie sich um Ihre privaten Finanzen und bezahlen Rechnungen. Jede Überweisung, die Sie tätigen, wird von Ihnen geclickt und belohnt, während Sie tiefe Gefühle der Dankbarkeit dafür haben, dass Sie über ausreichende Mittel verfügen, Ihre Rechnungen zu begleichen.

Falls Sie Rechnungen abstottern müssen, ist das auch in Ordnung. Seien Sie einfach glücklich und dankbar dafür, dass Sie das Geld haben, die Raten zu bezahlen. Das Ganze hört sich für Sie anstregend an? Ja, das kann es am Anfang sein. Insbesondere fällt es manchen schwer, immer daran zu denken, das Universum für Geld in jedweder Form zu clicken und zu belohnen. Es kann auch schwerfallen, immer positiv zu bleiben, anstatt darüber zu meckern oder sich Sorgen zu machen, wie teuer alles geworden ist. Halten Sie durch! Wenn Sie dabei bleiben und weiter üben, das Universum mit Click und Belohnung positiv zu verstärken, wann immer Sie in Kontakt mit Geld kommen, wird es schnell zur Gewohnheit. Sie werden sich dann andauernd über Geld freuen. Es zu sehen, wird Sie automatisch zum Lächeln bringen, weil Sie so häufig positive Gefühle damit verbunden haben. Die Ergebnisse des Clickens und Belohnens von Geld und sich dabei richtig gut zu fühlen, werden sich bald in Ihren persönlichen Finanzen widerspiegeln.

6. Verbessern

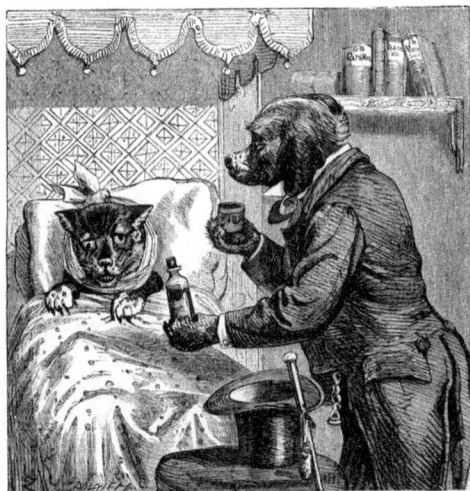

Im vorherigen Kapitel ging es darum, mehr von etwas zu erhalten, dass das Universum uns bereits gegeben hat. Eine Variation dieses Themas ist es, etwas zu verbessern, das das Universum uns bereits gibt. Wir führen dies durch, indem wir uns auf die positiven Eigenschaften fokussieren und die unerwünschten Eigenschaften ignorieren. Dies kann auf alles und jedes angewendet werden. Ein toller Bereich zum Üben sind jedoch Beziehungen. Hierbei wende ich den Ausdruck „Beziehung" eher lose an. Abgesehen vom Lebenspartner, von Familienmitgliedern, Freunden, Bekannten, Kollegen, Vorgesetzten, Haustieren und so weiter, können wir auch Beziehungen mit Gegenständen haben, wie zum Beispiel unserem Autos, unserem Computer, unserer Wohnung, unserem eigenen Körper etc. Die Qualität dieser Beziehungen kann die gesamte Bandbreite von fast perfekt bis desaströs einnehmen. Damit muss man sich aber nicht abfinden. Jede Beziehung, egal wie schlecht, kann mit ein bisschen Clickertraining verbessert werden.

ÜBUNG 6.1: BEZIEHUNGEN VERBESSERN

Sie können diese Übung an jeder Person Ihrer Wahl durchführen. Als Beispiel werde ich Ihnen demonstrieren wie Sie sie bei einem mühsamen Chef durchführen. Natürlich können Sie dieses Beispiel auch mit jeder anderen Person, mit der Sie irgendwelche Probleme haben, umsetzen. Es gibt jedoch kaum etwas schlimmeres auf der Liste der Dinge, die Ihr Leben wirklich unangenehm machen können, als ein schwieriger Vorgesetzter. Sie können ihm nicht entkommen, können meist auch nicht kündigen, da Sie das Geld brauchen und er die Macht hat. Aber ist das wirklich so? Gemäß dem Gesetz der Anziehung ist meine Antwort auf diese Frage ein deutliches „Nein!". Sie haben die Macht, eine Änderung der Beziehung derart zu manifestieren, dass Ihr Chef sich entweder Ihnen gegenüber weitaus angenehmer verhält als zuvor oder aus Ihrem Leben verschwindet. Dazu konzentrieren Sie sich wie immer beim Manifestieren auf seine positiven Eigenschaften. Ich bin mir sicher, dass die Gewohnheiten Ihres Chefs, die sie nicht mögen, wie zum Beispiel sein schlechtes Benehmen, seine ständige schlechte Laune, die Angewohnheit, Ihre Leistungen als die Seinigen darzustellen, um nur ein paar zu erwähnen, Ihnen hinlänglich bekannt und bewusst sind. Aber haben Sie jemals darüber nachgedacht, ob er auch positive Eigenschaften hat? Ich möchte, dass Sie genau das jetzt machen.

Fangen wir mit unseren Aufwärmübungen an, damit Sie sich erst einmal in eine positive Grundstimmung versetzen. Dann machen Sie es sich mit einem Zettel und einem Stift gemütlich und fangen an, eine Liste der positiven Eigenschaften Ihres Chefs zu erstellen. Dies mag Ihnen anfangs furchtbar schwierig erscheinen. Machen Sie es sich leicht, indem Sie mit ganz simplen Dingen anfangen, wie zum Beispiel: Er duscht, bevor er zur Arbeit kommt. Sehen Sie? Schon lachen Sie. Darum geht es!

Halten Sie es zum Anfang leicht und locker. Sie können später immer noch mit Tiefschürfenderem nachhaken, wenn Sie ihm gegenüber ein wenig freundlicher gestimmt sind. Andere Besipiele für simple positive Eigenschaften sind:

- Er trägt schöne Schuhe, ein schönes Hemd, eine schöne Krawatte oder saubere Strümpfe.
- Er trägt fürchterliche Kleidung, sodass Sie sich im Vergleich ganz toll gestylt fühlen.
- Er hat einen gut aufgeräumten Schreibtisch.
- Sein Schreibtisch ist ein Desaster. Das erlaubt Ihnen, ein bisschen entspannter mit Ihrer eigenen Schreibtischaufräumerei umzugehen.

- Er hat ewig lange Mittagessen. So können Sie täglich mehrere Stunden ohne ihn im Job genießen.
- Er hat Fotos seiner Familie auf seinem Schreibtisch.
- Er hat keine Fotos seiner Familie auf seinem Schreibtisch stehen.

Sie sehen, alles kann gut oder schlecht sein. Es hängt ganz von Ihnen ab. Nachdem Sie die Liste der positiven Eigenschaften Ihres Chefs erstellt haben, schauen Sie sich jeden einzelnen Punkt noch einmal an. Besinnen Sie sich auf Ihre positiven Gefühle und clicken und belohnen Sie jeden einzelnen Punkt. Nachdem Sie Ihre Liste derart durchgearbeitet haben, sollten Sie Ihrem Chef gegenüber ein wenig wohlwollender eingestellt sein. Denken Sie jetzt noch einmal über ihn nach und überlegen Sie, ob er nicht doch weitere postive Eigenschaften hat. Punkte, die Ihnen jetzt einfallen sind vermutlich ein wenig persönlicher als die, die bisher auf Ihrer Liste standen. Das liegt daran, dass Sie sich ihm durch die erste Runde zu einem gewissen Grad emotional geöffnet haben. Positive Eigenschaften, die Ihnen jetzt auffallen könnten zum Beispiel folgende sein:

- Er liebt seine Kinder.
- Er liebt seinen Hund.
- Er zeigt Verständnis, wenn Ihr Kind krank ist.
- Er liebt Fußball.
- Er hat ein Händchen für schwierige Kunden.

Nachdem Sie alle zusätzlichen Eigenschaften notiert haben, die Ihnen eingefallen sind, gehen Sie jeden dieser neuen Punkte mit Clicks und Belohnungen genauso wie in der ersten Runde durch.

Diese Liste sollten Sie von nun an mindestens zweimal täglich kurz durcharbeiten: einmal auf dem Heimweg, damit Sie sich auch auf die guten Dinge, die Sie möglicherweise an dem Tag mit Ihrem Chef erlebt haben, besinnen können. Dies wird es Ihnen erleichtern, einen schönen und entspannten Abend zu haben. Die Liste durchzuarbeiten ist bei Weitem der Variante vorzuziehen, die viele Angestellte tagtäglich wählen. Sie versauen ihre kostbare Freizeit und möglicherweise auch die ihrer Freunde und Familie damit, dass sie jedes Ärgernis und jede Ungerechtigkeit, die sie an dem Tag und möglicherweise auch die, welche sie in der Vergangenheit erfahren haben, noch einmal ausgiebig durchleben, diskutieren und beklagen. Oft werden sogar noch mögliche zukünftige Missstände mit einbezogen. Das sollten Sie sich wirklich nicht antun. Fokussieren Sie sich stattdessen lieber auf die schönen Dinge und genießen Sie Ihre Freizeit.

Das zweite Mal sollten Sie die Liste morgens vor der Arbeit durcharbeiten. Dies setzt die Weichen für einen schönen Tag und positive Interaktionen mit Ihrem Vorgesetzten. Denken Sie daran, die positiven Erlebnisse des Vortags zu Ihrer Liste hinzuzufügen. Bleiben Sie dran, und Sie werden häufig schnelle Verbesserungen in der Beziehung zwischen Ihnen und Ihrem Chef feststellen. Genauso häufig passiert es aber auch, dass der mühsame Chef einfach aus Ihrem Leben verschwindet. Es scheint so zu sein, dass viele Menschen von negativer Energie zehren. Solange Sie sich jedoch auf das Positive fokussieren, regen Sie sich weniger über ihn auf. Somit generieren Sie auch keine negative Energie, von der er zehren kann. Damit er die negative Energie bekommt, die er benötigt, muss er woanders suchen. Ein netter Nebeneffekt dieser Übung, der häufig eintritt.

ÜBUNG 6.2: GESUNDHEIT VERBESSERN

Manifestieren kann auch bei Gesundheitsthemen eingesetzt werden. Grundsätzlich gibt es zwei Methoden, die Sie dafür nutzen können: Visualisieren, dass Sie insgesamt gesund sind oder Fokussieren auf jene Körperteile, die gesund sind. In dieser Übung werden wir die letztere Methode anwenden.

Nehmen Sie als Beispiel an, dass Sie durchdringende Kopfschmerzen auf der linken Seite Ihres Kopfes haben, aber auf der rechten Seite völlig schmerzfrei sind. Lenken Sie Ihre Aufmerksamkeit nun auf die schmerzfreien Seite Ihres Kopfes. Wie in den vorherigen Übungen, clicken Sie dies mit Nachdruck, indem Sie „Ja!" sagen, gefolgt von „Ich liebe es!" und „Danke!", gekoppelt mit den dazugehörigen starken positiven Emotionen. Konzentrieren Sie weiterhin Ihre Aufmerksamkeit auf die gesunde Seite Ihres Kopfes, während Sie die positiven Gefühle halten.

Ein weiteres Beispiel ist die Behandlung von kleinen Verletzungen, wie beispielsweise eine gestoßene Zehe. Dafür würde ich Ihnen empfehlen, wieder mit einer Liste zu arbeiten. Schreiben Sie alle Körperteile auf, die gesund und schmerzfrei sind. Anschließend gehen

Sie Punkt für Punkt durch jedes Element Ihrer Liste und bestärken es mit Click und Belohnung. Denken Sie daran, Ihren Fokus auf jedem Körperteil zu halten, während Sie die starken positiven Gefühle der Belohnungsphrasen fühlen. Machen Sie solange weiter, bis Ihr Zeh schmerzfrei ist.

Manifestieren kann auch für weit schlimmere Malaisen als einen gestoßenen Zeh verwendet werden. Aber bitte, benutzen Sie Ihren gesunden Menschenverstand und konsultieren Sie zuerst einen Arzt. Diese Übungen sind nicht dazu gedacht, eine angemessene medizinische Versorgung zu ersetzen. Sehen Sie sie vielmehr als zusätzliche Möglichkeit an, die Behandlung und Heilung von Erkrankungen oder Verletzungen zu unterstützen.

7. Etwas Neues

Bisher haben Sie hauptsächlich geübt, das Universum dabei zu erwischen, wenn es etwas richtig macht und dies durch Click und Belohnung zu verstärken. Sie haben gelernt, starke Gefühle der Liebe und Dankbarkeit nach Bedarf zu generieren und als Belohnung anzuwenden. Sie sollten auch gute Fortschritte darin gemacht haben, Liebe und Dankbarkeit in Ihren Tag, so wie er sich entfaltet, zu integrieren – und das jeden Tag. Das heißt, Sie sind bereit; Bereit, etwas Neues zu manifestieren. Lassen Sie uns mit etwas Kleinem beginnen, damit wir nicht Ihren inneren Polizisten aufschrecken und dadurch in Aktion bringen. Wie wäre es mit einem 5-Euro-Schein? Das ist nicht bedrohlich, oder? Das Manifestieren mit etwas „Kleinem" wie einem 5-Euro-Schein anzufangen hat noch weitere Vorteile. Viele von uns empfinden es als leichter, etwas „Kleines" als etwas „Großes" zu manifestieren.

Mit etwas „Kleinem" zu beginnen reduziert deshalb die Gefahr, dass Sie sich mit Ihren eigenen negativen Gedanken wie „Es wird niemals funktionieren!", „Wovon träumst Du eigentlich Nachts?" und dergleichen in die Quere kommen. Es ist außerdem einfach für Sie zu glauben, dass Sie tatsächlich einen 5-Euro-Schein in Ihren Händen halten.

Da fünf Euro nicht gerade eine Riesensumme Geld ist, ist es zudem einfacher für Sie, sich vom Ergebnis Ihrer Manifestation zu lösen. Wenn es nicht funktioniert – na und? Sie werden es einfach noch einmal versuchen. Genau dadurch lernen wir mit unserem kleinen 5-Euro-Schein mehrere Geheimnisse:

• Schaffen Sie sich den innere Polizisten aus dem Weg.
• Hindern Sie negative Gedanken daran, Sie zu stören.
• Lösen Sie sich von den Ergebnissen.

AUFGABE 7.1: EINFACHE OBJEKTE – 5-EURO-SCHEIN MANIFESTIEREN

Haben Sie einen bequemen Platz gefunden, an dem man Sie nicht stören wird? Haben Sie Ihre Aufwärmübungen gemacht? Prima. Dann lassen Sie uns anfangen, unseren 5-Euro-Schein zu manifestieren.

Schließen Sie Ihre Augen und stellen Sie sich vor, einen 5-Euro-Schein in Ihren Händen zu halten. Schauen Sie sich ihn im Geiste genau an. Stellen Sie sich vor, dass Sie ihn umdrehen und sich seine Rückseite anschauen. Reiben Sie mental den Geldschein zwischen Ihren Fingern. Spüren Sie die Textur, das Knittern des Papiers. Beteiligen Sie Ihre Sinne. Riechen Sie den muffigen Geruch eines gebrauchten Geldscheins. Oder ist es der neue Geruch von Druckerschwärze? Hören Sie das Geräusch, wenn Sie den Geldschein zwischen Ihren Fingern reiben? Ist es so echt für Sie, wie es sein würde, wenn Sie tatsächlich einen 5-Euro-Schein in Ihren Händen hielten?

Wenn Sie diesen Punkt erreicht haben, möchte ich, dass Sie sich wirklich über das Halten des 5-Euro-Scheins in Ihren Händen freuen. Lächeln Sie und seien Sie glücklich darüber, dass Sie diesen 5-Euro-Schein haben. Dann clicken und belohnen Sie ihn mit „Ja!“, „Ich liebe es!“ und „Danke!“.

Öffnen Sie Ihre Augen und vergessen Sie das Ganze. Beschäftigen Sie sich mit etwas ganz Anderem. Dies wird als „Loslassen“ bezeichnet. Das Loslassen des gewünschten Ergebnisses ist ein wichtiger Bestandteil des erfolgreichen Manifestierens. Wenn Sie fortwährend über Ihr Ziel nachdenken, sind Sie anfällig dafür, Energie an negative Gedanken zu senden, wie zum Beipiel: „Ich frage mich, ob ich das wirklich schaffe“ oder „Oh, ich denke, das wird eh nicht passieren“. Also ist es am Besten, das Ganze einfach zu vergessen und Ihrem täglichen Leben nachzugehen.

Bauen Sie Ihre Manifestiermuskeln auf

Erfolgreiches Manifestieren hat viel mit Glauben zu tun. Sie müssen glauben, dass es möglich ist, bevor irgendetwas – egal wie „groß" oder „klein" – von Ihnen manifestiert werden kann. Auch wenn es nicht stimmt, so glauben doch viele von uns, dass es einfacher ist, einen 5-Euro-Schein zu manifestieren als einen Kontostand von 1.000.000 Euro.

Dem Universum ist es gleich. Es ist Energie. Aber Sie müssen glauben, dass Sie in der Lage sind, es zu manifestieren, bevor Sie jede Menge Geld in Ihrer eigenen Realität erschaffen können. Da ich Manifestieren wirklich einfach für Sie machen möchte, werden wir innerhalb Ihres Glaubenskonstruktes trainieren, bis Sie darüber „hinausgewachsen" sind. Dies ist einer der Gründe, warum wir unsere Manifestierübung mit einem 5-Euro-Schein begonnen haben.

Sobald Sie Ihren 5-Euro-Schein aus der vorherigen Übung manifestiert haben, wiederholen Sie die Übung. Und wenn auch der 5-Euro-Schein manifestiert wurde, wiederholen Sie die Übung noch einmal. Haben Sie eine Ahnung, wie oft Sie eine Übung mit Ihrem Hund durchführen müssen, bevor sie hundertprozentig sitzt? Beim Trainieren des Universums ist es nicht anders. Übung macht den Meister.

Fahren Sie fort damit, 5-Euro-Scheine zu manifestieren, bis es so einfach für Sie ist wie einen Laib Brot in der Bäckerei zu kaufen. Wenn Sie ein Brot kaufen, fragen Sie den Bäcker danach, ohne irgendeinen Zweifel zu haben, dass er Ihnen den Laib Brot geben wird. Und natürlich, ohne Fehl, gibt er Ihnen auch das Brot, nach dem Sie gefragt haben. Genauso bitten Sie das Universum um einen 5-Euro-Schein, und er wird Ihnen gegeben.

Wenn das Manifestieren eines 5-Euro-Scheins für Sie so einfach geworden ist wie die Frage beim Bäcker nach einem Laib Brot, sind Sie soweit, einen Schritt vorwärts zu machen. Manifestieren Sie nun einen 10-Euro-Schein. Üben Sie dies, bis auch das Ihnen leicht fällt. Dann steigern Sie sich auf einen 20-Euro-Schein, dann auf einen Fünfziger und zuletzt auf einen 100-Euro-Schein. Wenn Sie es mögen und wenn es das Manifestieren einfacher für Sie macht, können Sie sich natürlich auch eine Überweisung vorstellen. Tun Sie, was immer nötig ist, um das Manifestieren so einfach wie möglich für Sie zu machen. Jede erfolgreiche Manifestation ist wie Geld auf Ihrem Trainingskonto. Je mehr dieser Erfolgswährung Sie auf Ihrem Trainingskonto haben, desto leichter wird Manifestieren für Sie werden. Ihre Fähigkeit zu glauben wird durch alle Ihre bisherigen Erfolge unterstützt. Sammeln Sie also so viele Erfolgserlebnisse bezüglich des Manifestierens wie möglich.

Natürlich ist Manifestieren nicht nur gut zu gebrauchen, um Geld zu erhalten. Andere einfache Übungen sind zum Beispiel perfekte Parkplätze, einen Zug, den Sie eigentlich hätten verpassen müssen, doch noch zu erwischen, eine Eintrittskarte für eine Veranstaltung zu erhalten, die eigentlich bereits ausgebucht ist, usw. Spielen Sie damit. Haben Sie Spaß dabei! Sie werden sehen, je mehr Sie es verwenden, desto besser werden Sie beim Manifestieren. Machen Sie nicht den Fehler, das Manifestieren für „besondere Anlässe" aufzuheben.

ÜBUNG 7.2: KOMPLEXE OBJEKTE – MANIFESTIEREN EINES NEUEN AUTOS

Clickertraining des Universums kann natürlich auch zum Manifestieren komplexer Objekte verwendet werden, wie zum Beispiel ein neues Haus, Auto oder einen Computer, um nur ein paar zu nennen. Um dies zu bewerkstelligen, ist ein wenig Vorbereitung nötig.

Zuerst müssen Sie sich ein klares Bild von dem, was Sie wollen, in Ihrem Kopf machen, sodass das Universum darauf reagieren kann. Bei dieser Übung verwenden wir ein Auto als Beispiel einer komplexen Manifestation. Zur Vorbereitung können Sie einige Auto-Kataloge von Händlern bestellen oder einfach im Internet bei verschiedenen Autohäusern oder Herstellern nach Anregungen surfen. Ihr Ziel ist, eine Liste von Kriterien, die Ihr neues Auto erfüllen soll, zusammenzustellen, wie zum Beispiel:

• Kombi
• grau metallic
• Ledersitze
• weniger als fünf Jahre alt
• erschwinglich
• Nichtraucher-Auto
• Sitzheizung
• Automatik-Getriebe

Legen Sie auf dieser Liste fest, was für Sie wichtig ist. Wenn die Marke wichtig ist, fügen Sie sie der Liste hinzu. Wenn Ihnen die Farbe egal ist, entfernen Sie diese aus der Liste. Ihre Liste sollte eine Aufstellung der Kriterien sein, die Ihr Auto erfüllen muss, damit Sie glücklich damit sein können.

Wenn Sie Ihre Liste zusammengestellt haben, stellen Sie sich ein Bild davon im Kopf vor. Dann fangen Sie an, mit diesem Bild zu spielen. Gehen Sie in Ihrem Geiste alle Arten von Situationen durch, die Sie mit Ihrem neuen Auto durchleben könnten, so als ob Sie es schon hätten. Stellen Sie sich zum Besipiel vor, in Ihrem Auto zu fahren und all seine Funktionen aus-zuprobieren. Stellen Sie sich ferner vor, wie Sie sich an einem kalten Wintermorgen in Ihr Auto kauern, die Sitzheizung einschalten und wie dann ein Gefühl der Wärme durch Ihren Körper sickert.

Sie könnten sich auch vorstellen, im Sommer mit ein paar Freunden an den Strand zu fahren. Stellen Sie sich vor, wie Sie Ihr Auto waschen und betanken. Stellen Sie sich vor, wie Sie auf der Fahrt zu Ihren Eltern laut zu Musik aus seiner Stereoanlage mitsingen. Erleben Sie es! Betrachten und freuen Sie sich dabei über jedes Detail Ihres Autos. Dieses lebendige Bild ist es, was Sie klicken und belohnen mit starken positiven Gefüh-len darüber, wie sehr Sie Ihr Auto lieben und dankbar dafür sind. Halten Sie dieses Gefühl noch eine Weile fest. Schwelgen Sie in all den positiven Gefühlen, die Sie mit Ihrem tollen neuen Auto assoziieren. Und dann lassen Sie es los und vergessen Sie es.

HILFE BEIM VISUALISIEREN
Bei der Visualisierung von Dingen, wie zum Beispiel einem neuen Auto, finde ich es hilfreich, Fotografien des gewünschten Objektes an strategischen Orten zu platzieren. Sie können dafür einfach von der Hersteller-Webseite Bilder Ihres Wunschautos kopieren. Alternativ können Sie auch Bilder aus dem gedruckten Katalog ausschneiden. Drucken oder kopieren Sie diese Bilder mehrfach und platzieren Sie sie gut sichtbar an strategischen Standorten, wie zum Beispiel:

- am Kühlschrank
- an der Haustür
- auf Ihrem Schreibtisch
- in Ihrer Brieftasche
- neben dem Badezimmerspiegel
- auf Ihrem Nachttisch

Sie können sie sogar als Bildschirmschoner oder als Hintergrundbild für Ihren Monitor verwenden. Diese Fotos dienen zum einen dazu, Ihre Wünsche zu klarifizieren, zum anderen aber auch als Erinnerung für Sie. Jedes Mal. wenn Sie auf eines dieser Bilder schauen, denken Sie schnell und leise „Ja!", „Ich liebe es!", „Danke!" und unterstützen so Ihre Manifestierungsbemühungen.

ÜBUNG 7.3: FEINSCHLIFF
Wenn Sie manifestieren, gibt das Universum Ihnen oft nicht sofort die vollständige und richtige Version von dem, was Sie wollten. Manchmal gibt das Universum Ihnen Andeutungen, bevor es liefert, oder es gibt

Ihnen im Grunde genommen, was Sie wollten, aber mit Falschlieferungen in Bezug auf einige Aspekte, die Ihnen wichtig sind. Wie Sie auf diese Fehllieferungen reagieren, ist relevant für Ihren Manifestiererfolg.

Das sollten Sie jetzt nich so verstehen, dass Sie sich mit weniger als dem, was Sie wollten zufrieden geben sollten. Dafür gibt es keinen Grund! Es ist auch nicht als ein Zeichen zu verstehen, dass das Universum „denkt" Sie verdienen das, was Sie wollen, nicht. Bitte befreien Sie sich von solchen destruktiven Gedankenspielen. Aller Wahrscheinlichkeit nach waren Sie beim Manifestieren lediglich ein wenig abgelenkt, oder Sie waren sich nicht ganz sicher in Bezug auf das, was Sie dachten zu wollen, während Sie Ihre Manifestationsübung durchführten. Ambivalenz bezüglich des vermeintlich gewünschten Ergebnisses kann sich auf interessante Weisen zu erkennen geben. Lassen Sie uns Ihre Suche nach einem neuen Zuhause als Beispiel nehmen. Stellen Sie sich vor, dass Sie ein neues Zuhause suchen. Sie haben eine detaillierte Liste der Eigenschaften, die Ihnen am Herzen liegen, zusammengestellt:

- drei Zimmer
- sonnig
- eingewachsener Garten mit alten Bäumen
- Nähe zu öffentlichen Verkehrsmitteln
- Holzböden
- erschwinglich
- bezugsfertig
- ab sofort
- drei Bäder

- Gasherd
- Fußbodenheizung
- schöne Aussicht
- zwei Parkplätze
- nette Nachbarn

Sie sind bereits seit Monaten auf der Jagd nach einem neuen Zuhause. Aber jedem Haus, das Sie bisher gesehen haben, fehlt mindestens eine wichtige Eigenschaft. Sie sind so frustriert, dass der Gedanke ein weiteres Haus zu besichtigen, Ihre Hoffnung für nichts und wieder nichts gehabt zu haben, Ihnen geradezu den Magen herumdreht. Die Frist für die Räumung Ihrer derzeitigen Wohnung kommt auch immer näher und Sie sind allmählich bereit, anstatt weiterhin auf Ihr Traumhaus zu hoffen, Kompromisse einzugehen.

Zum jetzigen Zeitpunkt ist jede Menge negativer Energie für Sie im Spiel. An dieser Stelle müssen Sie dem Universum helfen, Ihnen Ihr Traumhaus zu liefern. Vor der nächsten Hausbesichtigung sollten Sie durch Ihre Wunschliste gehen und Punkt für Punkt jeden Eintrag auf der Liste clicken und belohnen. Während Ihres Besichtigungstermins, Wunschliste fest im Kopf, konzentrieren Sie sich auf die Kriterien Ihrer Liste, die das Haus erfüllt. Denken Sie nicht: „Drei Zimmer: ok, sonnig: ok, Garten: ok,,, um dann auf der Tatsache herumzureiten, dass das Haus Fliesen statt Holzböden hat. Stattdessen sollten Sie die folgende Einstellung haben:

- „Drei Zimmer!" „Ja!", „Ich liebe es!", „Danke!"
- „Sonnig!" „Ja!", „Ich liebe es!", „Danke!"
- „Garten!" „Ja!", „Ich liebe es!", „Danke!"

Auf diese Weise clicken und belohnen Sie alle Kriterien, die mit Ihrer Liste übereinstimmen. Ignorieren Sie die Eigenschaften, die nicht passen. Wenn nicht genügend Punkte Ihrer Wunschliste erfüllt sind, um das Haus behalten zu wollen, werfen Sie es zurück in den Immobilien-Markt. Vertrauen Sie, dass ein besseres Objekt den Weg zu Ihnen finden wird.

64

8. Ihr Trainingstagebuch

Es wird Zeiten geben, zu denen Sie mit dem Clicker-training für Ihre Wünsche frustriert sein werden. Sie werden das Gefühl haben, überhaupt nicht voranzu-kommen. In solchen Situationen, die selbst erfahrenen Manifestoren passieren, ist ein Trainingstagebuch sein Gewicht in Gold wert.

In ihm können Sie nachlesen und noch einmal durch-leben, wie eine Manifestation nach der anderen von Ihnen gemeistert wurde. Für die komplexeren Mani-festationen, an denen Sie arbeiten, werden Sie außer-dem deutlich die Zeichen sehen können, die zeigen, dass Ihre Manifestierungen auf dem besten Weg sind, wahr zu werden. Zum Glück für uns frustrierte Mani-festoren wird uns dann in der Regel recht schnell klar, dass die Frustration lediglich in unseren Köpfen Berechtigung hat; Rückblickend haben wir bereits einen weiten Weg zurückgelegt. Das hilft wirklich, die Frustration in den Griff zu bekommen und frisch motiviert weiterzumachen. Darüberhinaus hilft das Trainingstagebuch dabei, Manifestierungsblockaden und deren Ursache zu erkennen. Sie werden in der Lage sein, die Muster zu identifizieren, ob zum Beispiel eine Blockade immer in ähnlichen Situationen oder bei ähnlichen Themen entsteht. Je mehr Details Sie in Ihrem Trainingstagebuch notieren, desto nützlicher wird es als Werkzeug für Sie sein.

Das Trainingstagebuch wird Ihnen auch helfen, die Zeiten, Orte und Situationen zu identifizieren und anschließend zu wählen, die das Manifestieren für Sie am einfachsten machen. Vielleicht werden Sie feststellen, dass es nach einem Besuch Ihrer Schwiegermutter unmöglich für Sie ist zu manifestieren. Oder Sie werden feststellen, dass Sie nach einem solchen Besuch zu einem Supermanifestor werden. Vielleicht reagieren Sie auf den Vollmond, Musik, die Tageszeit oder Temperatur. Vielleicht ist es für Sie einfach, Gegenstände zu manifestieren, bei Bargeld ist dies aber fast unmöglich – oder umgekehrt.

Normalerweise können solche Aspekte nur entdeckt werden, wenn Sie sich diese irgendwo notieren. Denn solche Muster werden nur über einen gewissen Zeitraum erkennbar. So können Sie auch feststellen, welche emotionalen Blockaden Sie noch auflösen müssen, um ein kompetenter Manifestierer zu werden.

Wenn Sie solche Blockaden entdeckt haben, können Sie beginnen, diese mit Methoden wie EFT oder Psychotherapie aufzulösen.

Das Format Ihres Trainingstagebuchs liegt völlig bei Ihnen. Einige Manifestierer schreiben kurze Notizen in ein kleines Notizbuch, andere bevorzugen eine Lose-Blatt-Sammlung, die sie in einem Ordner organisieren. Andere wiederum berichten gerne über ihre Erfolge und Herausforderungen in E-Mail-Gruppen oder in Internet-Foren. Der Vorteil der letzteren kann sein, dass Sie viel Feedback bekommen. Auf der einen Seite werden Ihre Manifestierfreunde Sie für gute Arbeit loben. Dies ist sehr motivierend. Auf der anderen Seite sehen viele Augen mehr als zwei. Dies gilt insbesondere für Menschen, die mehr emotionale Distanz zu Ihren Wünschen haben als Sie. Sie können Probleme bemerken, an die Sie nie gedacht hätten. Dies kann sehr hilfreich sein.

Auch wenn Sie sich mit einer Manifestierblockade konfrontiert sehen, kann eine Gruppe von gleichgesinnten Menschen sehr hilfreich sein. Oft fallen gemeinsam Lösungen ein, auf die Sie allein nie gekommen wären. Oder die Gruppe kann Ihnen einen kleinen Energieschub geben, um Ihnen über Ihre Manifestierhürden hinwegzuhelfen. Solch eine Gruppe Gleichgesinnter ist als würden Sie Manifestier-„Stützräder" verwenden. Darüber hinaus kann das Miterleben der Manifestiererfolge anderer Ihre Überzeugung stärken, dass das Manifestieren unserer Wünsche in der Tat möglich ist. Zu guter Letzt unterstützt die Teilnahme in einer

Manifestiergruppe eine gute Manifestier-Disziplin. Wenn Sie sich ein paar Tage nicht melden, können Sie sich sicher sein, dass Ihre neuen Manifestierfreunde sich melden und wissen wollen, was los ist und wie Sie mit Ihren Bemühungen vorankommen. Dies wird Sie motivieren, dranzubleiben.

9. Verkettungen

Beim Clickertraining können mehrere einzelne Übungen aneinandergereiht werden. Dies wird als Verkettung bezeichnet und verwendet, um komplexe Verhaltensweisen zu erlernen. Dazu nimmt der Trainer das komplexe Verhalten und unterteilt es in seine kleinsten Bestandteile.

Wenn wir also wieder unser Anfangsbeispiel, den gelben Ball zu apportieren, verwenden, ist das Trainingsziel für den Hund, den gelben Ball für Sie zu apportieren. Diese Gesamtübung kann in die folgenden Einzelübungen unterteilt werden:

- in Richtung des gelben Balles laufen
- auf Befehl zu Ihnen kommen
- den Ball ins Maul nehmen
- mit dem Ball im Maul laufen
- den gelben Ball von mehreren Objekten auswählen
- mit dem gelben Ball zu Ihnen laufen
- Ihnen den gelben Ball in die Hand geben

Diese Einzelübungen können alle separat eingeübt werden, bevor sie zu einer einzigen komplexen Übung, die beim Hören eines Befehls ausgeführt wird, verkettet werden. Das gleiche Verfahren kann für komplexes Manifestieren verwendet werden. Sie üben alle Einzelteile, reihen diese zusammen und verknüpfen sie mit einem Befehl. Wenn Sie die verkettete Übung oft genug üben, werden Ihr Geist und Ihre Seele auf Autopilot schalten, wenn Sie den Befehl sagen. Dies kann Manifestieren viel einfacher machen.

Verkettungen werden von Ihnen bereits im Alltag verwendet. Zum Beispiel, wenn Sie „Zuhause" denken, was sehen Sie vor Ihrem inneren Auge? Was fühlen Sie? Was riechen und hören Sie? Für mich bedeutet das Wort „Zuhause" mein Haus. Der Kamin knistert. Etwas göttlich Riechendes bruzelt im Ofen. Meine Hunde laufen zur Tür, um mich zu begrüßen. „Zuhause" ist Wärme, ein Gefühl von Wohlbefinden und Entspannung. Nun, das sind eine Menge Dinge, an die ich bei einem einzigen Wort denke, nicht wahr? Das ist das Schöne an Verkettungen.

Ich möchte Ihnen jetzt die Verkettungsmethode anhand eines Gesundheitsbeispiels zeigen:

ÜBUNG 9.1: VEKETTEN FÜR DIE GESUNDHEIT

Nachdem Sie Ihre Aufwärmübungen durchgeführt und es sich bequem gemacht haben, schließen Sie Ihre Augen und konzentrieren Sie sich auf Ihre Füße. Stellen Sie sich diese gesund, wunderschön, völlig entspannt und wohlfühlend vor. Wenn Sie möchten, können Sie sich Ihre Füße auch mit gold-weißem Licht gefüllt oder umhüllt vorstellen. Fühlen Sie im Geiste, wie gut es Ihren Füßen geht. Dann clicken und belohnen Sie diese Vorstellung: „Ja!" , „Ich liebe es!", „Danke!". Als Nächstes konzentrieren Sie sich auf Ihre Unterschenkel. Stellen Sie sich diese gesund, wunderschön, vollständig entspannt und wohlfühlend vor. Auch diese können Sie sich, wenn Sie möchten, mit weiß-goldenem Licht gefüllt oder umhüllt vorstellen. Dann clicken Sie auch diese Vorstellung und belohnen Sie mit: „Ja!", „Ich liebe es!", „Danke!". Auf diese Weise arbeiten Sie Ihren gesamten Körper durch:

* Knie
* Oberschenkel
* Oberkörper: Beziehen Sie auch die inneren Organe mit ein: Herz, Magen, Lunge, Leber, Nieren etc.
* Brüste
* Rücken
* Hände
* Unterarme
* Oberarme
* Schultern
* Nacken
* Kopf

Zum Schluss konzentrieren Sie sich auf Ihren gesamten Körper. Stellen Sie sich vor, dass er gesund, schön, vollkommen entspannt und wohlig ist. Stellen Sie sich außerdem vor, dass Ihr Körper komplett mit gold-weißem Licht gefüllt und umhüllt ist. Dann clicken und belohnen Sie diese Vorstellung mit: „Ja!", „Ich liebe es!", „Danke!".

Üben Sie dies einmal am Tag mehrere Tage lang. Ich würde eine Woche lang als allgemeine Richtlinie vorschlagen. Aber nur Sie können wissen, wann Sie sich komplett in diese Übung eingefunden haben. Wenn Sie dies erreicht haben, sollten Sie in der Lage sein, diese Übung schnell und flüssig durchgehen zu können, während Sie mit Leichtigkeit jeden Körperteil abrufen.

Wenn Sie das erreicht haben, suchen Sie sich einen Befehl aus, wie zum Beispiel „Gesunder Körper". Diesen Befehl sagen Sie, bevor Sie mit der Übung beginnen. Dann durchlaufen Sie die gesamte Übung und sagen zum Schluss „Danke!" zu sich selbst. Dies rahmt die gesamte Übung und gibt Ihr einen eindeutigen Start- und Endpunkt.

Üben Sie dies ein paar Tage lang, bis Sie das Gefühl haben, dass der Befehl und die Übung gut miteinander verknüpft sind. Das bedeutet, dass die Übung automatisch beginnt abzulaufen, sobald Sie den Befehl sagen - so, also ob Sie auf Autopilot wären. Nachdem Sie diese Verknüpfung erfolgreich aufgebaut haben, brauchen Sie zukünftig nur noch den Befehl zu sagen und Ihr Körper und Geist erledigen den Rest. So sparen Sie Zeit und Mühe auf dem Weg zur perfekten Gesundheit.

Dies ist übrigens nur eine Kurzversion. Sollten Sie die Zeit haben, können Sie natürlich noch viel mehr ins Detail gehen, während Sie mit dieser Übung Ihren Körper durcharbeiten. Zum Beispiel anstatt den gesamten Fuß auf einmal zu bearbeiten, können Sie jede Zehe einzeln durchgehen. Dann könnten Sie sich auf den Vorderfuß, den Mittelfuß, die Ferse und den Knöchel konzentrieren. Der Unterschenkel könnte in Wade, Schienbein und die Muskeln unterteilt werden. Probieren Sie herum, um herauszufinden, was sich für Sie am besten anfühlt. Sollten Sie jedoch wenig Zeit haben, können Sie diese Übung auch nur für Teilbereiche Ihres Körpers anwenden. Sie könnten zum Beispiel morgens die untere Körperhälfte und abends den Oberkörper durcharbeiten.Oder Sie können wie ein Gewichtheber die verschiedenen Teile des Körpers an abwechselnden Tagen bearbeiten. Denken Sie dabei daran, die verschiedenen Variationen dieser Übung auf verschiedene Befehle wie Schultergesundheit oder Oberkörpergesundheit zu setzen.

ÜBUNG 9.2: VERKETTUNG FÜR EINEN PARTNER

Der menschliche Körper bietet eine großartige Struktur für die Gesundheitsübung, die Sie einfach von unten nach oben abarbeiten können. Leider ist dies nicht der Fall für die meisten anderen komplexen Manifestationsthemen, wie zum Beispiel einen perfekten neuen Lebensgefährten in Ihr Leben zu bringen. Ich würde Ihnen daher empfehlen, sich vor der Übung

73

hinzusetzen und eine Liste mit allen Eigenschaften, die Ihr neuer Partner haben sollte, zu erstellen. Gehen Sie dabei so tief ins Detail, wie Sie möchten. Es gibt dabei kein richtig oder falsch. Sie sollten allerdings darauf achten, physische, psychische und externe Eigenschaften Ihres Traumpartners zu erfassen, wie zum Beispiel:

Mental
- Sinn für Humor
- zuverlässig
- treu
- Vegetarier
- Tierfreund

Physisch
- blaue Augen
- gesund
- über 1,80 m groß
- sportlich
- schlank

Extern
- wohlhabend
- arbeitet von zu Hause aus
- beliebt
- gut gekleidet
- wird respektiert

Haben Sie Spaß damit! Sie sollten ein fettes Lächeln auf dem Gesicht haben, während Sie Ihre Liste aushecken. Sobald Sie sie erstellt haben, können Sie mit dem eigentlichen Training beginnen. Nehmen Sie den ersten Punkt Ihrer Liste, in diesem Fall Sinn für Humor, und stellen Sie sich dies wirklich anschaulich vor. Stellen Sie sich vor, wie Sie miteinander scherzen, lachen und des anderen Gesellschaft genießen. Stellen Sie sich vor, wie er einen Fehler macht und selbst darüber lacht. Stellen Sie sich vor, dass Ihnen ein Fehler unterläuft und er Sie liebevoll damit aufzieht und Sie beide lachen. Dies sollte sich wirklich gut anfühlen. Machen Sie das Glücksgefühl, betreffend dieser Eigenschaft, so groß und intensiv wie Sie können. Dann halten Sie es mit Click und Belohnung fest.

Gehen Sie zum nächsten Punkt auf Ihrer Liste und fahren Sie fort, bis Sie Ihre gesamte Liste abgearbeitet haben. Tun Sie dies mehrere Tage lang, bis Sie die Liste sicher im Kopf haben und in der Lage sind, mit Leichtigkeit diese Übung durchzuführen. Anschließend können Sie das Kommandowort, zum Beispiel „Freund", wie in Übung 9.1 beschrieben einführen.

ÜBUNG 9.3: VERKETTUNG, UM INNERE BLOCKADEN BEIM MANIFESTIEREN ZU LÖSEN

Oft haben wir interne Blockaden, die uns davon abhalten, erfolgreich zu manifestiert. Es gibt verschiedene Methoden, diese aufzulösen. Eine davon kann leicht in Verkettungsübungen integriert werden. Diese Methode

verwendet Ihr Unterbewusstsein dazu, Blockaden aufzulösen, so wie sie erscheinen. Dazu teilen Sie Ihrem
Unterbewusstsein klar mit, was es zu tun hat, während Sie eine zuvor eingeübte verkettete Übung ablau-
fen lassen. Sie instruieren Ihr Unterbewusstsein dazu,
alle Blockaden, die diese verkettete Übung betreffen,
zu identifizieren und komplett aufzulösen. Die Worte,
die Sie verwenden, um Ihr Unterbewusstsein zu pro-
grammieren, könnten in etwa so aussehen: „Liebes
Unterbewusstsein, wenn ich ‚Gesundheit' sage, möchte
ich, dass Du von nun an folgende komplette Übung
für mich durchführst: Bitte finde alle Blockaden zu
diesem Thema, denen Du bei der Durchführung der
Übung begegnest, und löse diese auf. Sie sind für uns
jetzt irrelevant, und es ist gut, sie loszulassen. Danke."
Sie können natürlich auch andere Worte wählen.
Dabei müssen Sie aber sichergehen, dass Ihre Formu-
lierung durchsetzungsfähig und positiv ist und Ihrem
Unterbewusstsein klar mitteilt, was es für Sie zu tun
hat. Vermutlich haben Sie schon einmal gehört, dass
es für Ihr Unterbewusstsein schwierig ist, Vernei-
nungen zu verstehen. Ich würde dazu neigen, dem
zuzustimmen. Achten Sie also darauf, nur positive
Formulierungen zu verwenden.

10. Vision-Boards und Videos

In den vorangegangenen Kapiteln haben wir gelernt, Gegenstände und Situationen, die wir uns wünschen, zu visualisieren und so zu manifestieren. Aber was tun Sie, wenn Sie etwas wirklich Komplexes wünschen, wie zum Beispiel eine völlig neue Lebensweise?

Natürlich könnten Sie jedes einzelne Element, das zu Ihrem neuen Lebensstil gehört, individuell visualisieren und manifestieren. Es ist jedoch recht schwierig, alle Komponenten gleichzeitig und mit den erforderlichen Details in unserem Fokus zu halten. Sie nacheinander zu manifestieren ist auch nicht immer angemessen. Eine kompletter Lebensstil besteht schließlich aus Einzelteilen, die alle gleich wichtig sind und parallel auf der Zeitschiene verlaufen. Die Lösung für dieses Dilemma sind Vision Boards und Videos.

WAS IST EIN VISION-BOARD?

Ein Vision-Board ist eine Collage aus Fotos, Gegenständen und Texten, die alle wichtigen Eigenschaften von dem zeigt, was Sie manifestieren möchten. Vision-Boards können physisch oder virtuell erstellt werden. Die physische Variante kann zum Beispiel aus Pappe oder Sperrholz gebastelt werden. Es kann auch ein Fotoalbum als Grundlage genommen werden. Alternativ können Sie auch ein virtuelles Vision-Board auf Ihrem Computer erstellen. Beide Methoden haben Vor- und Nachteile. Es liegt ganz an Ihnen zu entscheiden, welche Sie bevorzugen. Alternativ können Sie beides tun oder sogar diese Ansätze miteinander integrieren. Zum Beispiel könnten Sie mit einem virtuellen Vision-Board beginnen und nach dem Ausdrucken weiter ausbauen, indem Sie einige Gegenstände aufkleben. Umgekehrt könnten Sie Gegenstände fotografieren, um sie in Ihr virtuelles Vision-Board einzubauen.

ÜBUNG 10.1: LIFESTYLE-VISION-BOARD

Viele von uns haben Lebensstile, die wir als weniger perfekt für uns empfinden. Unser idealer Lebensstil kann ein bisschen oder auch ganz anders als das Leben sein, das wir derzeit führen. Ein Vision-Board ist eine großartige Möglichkeit, eine strahlendere Zukunft zu manifestieren.

Schritt 1: Sammeln

Als Vorbereitung für die Erstellung Ihres Vision-Boards müssen Sie zunächst Bilder und Gegenstände, die zu Ihrem neuen Lebensstil passen, erkennen und sammeln. Blättern Sie durch Zeitschriften und schneiden Sie alles aus, oder scannen Sie ein, was Ihnen gefällt, einschließlich Bilder, Überschriften und Texte. Sie können auch beim Surfen im Internet Bilder, die Sie mögen, abspeichern. Wenn die Bilder sich aus technischen Günden nicht auf direktem Wege abspeichern lassen, haben Sie immer die Möglichkeit einen Screenshot zu machen und das Bild später mit einem Bildbearbeitungsprogramm, wie zum Beispiel das kostenlose Irfan View, zurechtzustutzen.

Sie sollten auch alle Gegenstände sammeln, die eine Bedeutung für Ihren gewünschten Lebensstil haben. Dies können Münzen, Blumen, Kieselsteine, Stoffproben, Flugtickets und alles andere sein, das ein Teil Ihres neuen Lebens sein soll.

Step 2: Modifizieren

Das Leben ist nicht immer perfekt, und die Gegenstände, die Sie gesammelt haben, sind es vermutlich auch nicht. Also werden Sie, bevor Sie mit der Erstellung Ihres Vision-Boards beginnen, manche der gesammelten Bilder oder Gegenstände Ihren Wünschen gemäß anpassen müssen. Außerdem werden Sie Dinge, die Sie nicht gefunden haben, die aber wichtige Elemente Ihres neuen Lebens darstellen, erstellen müssen. Beispiele für solche Kreationen sind:

Virtuell

- ein Foto Ihres Gesichts, das auf den Körper eines Topmodels aufgesetzt ist
- kurze Zeitungsartikel über Sie, die Ihre Leistungen und Erungenschaften loben
- Fotografien von Gegenständen, die Sie gerne in Ihr virtuelles Vision-Board einfügen möchten
- der Umschlag für das noch zu schreibende Buch
- Visitenkarten zum neuen Job oder zur neuen Firma
- ein Überweisungsbeleg oder Scheck für eine große Summe, die an Sie ausgezahlt wird
- Hochzeitseinladungen

Physisch

- addressieren Sie einen Umschlag an sich selbst
- an Ihre neue Traumadresse
- an die Adresse Ihres neuen Traumjobs
- als Gesellschafter Ihrer neuen Firma
- wenn Sie heiraten möchten, können Sie den Umschlag auch an Herrn und Frau „Hans Müller"

adressieren. Wenn Sie eine Frau sind, verwenden Sie Ihren neuen Namen, nicht Ihren Mädchennamen
- schreiben Sie einen fetten Scheck an sich selbst aus
- schreiben Sie einen Dankesbrief an das Universum dafür, dass es Ihnen den Wunsch nach einem neuen Lebensstil erfüllt hat.

Schritt 3: Zusammenfügen

Sobald Sie genügend Material zusammengetragen haben, können Sie mit der eigentlichen Erstellung Ihres Vision-Boards beginnen. Bevor Sie mit dieser Übung anfangen, nehmen Sie sich bitte die Zeit, Ihre „Danke!"- und „Ich liebe es!"-Gefühle aufzubauen. Und nun, viel Spaß! Sie können so bunt, kindlich, mädchenhaft, verrückt dabei sein, wie Sie möchten. Dies ist Ihr Vision-Board und Ihr Leben.

Wenn Sie möchten, dass Ihr Leben rosa und voller Schnickschnack ist: Fügen Sie es zu Ihrem Vision-Board hinzu. Wenn Sie von Topmodels umgeben sein wollen: Fügen Sie sie in Ihr Vision-Board ein. Wenn Sie dieses absurde, unpraktische Macho-Auto haben möchten: Fügen Sie es zu Ihrem Vision-Board hinzu. Wenn Sie einen Tiffany-Verlobungsring haben möchten mit einem Diamant, der so groß ist, dass Sie kaum Ihre Hand heben können: Fügen Sie es in Ihr Vision-Board ein. Hier geht es nur um Sie und Ihre wildesten Träume und geheimsten Wünsche. Wie Sie die Fotos und Artikel zu Ihrem Vision-Board zusammenfügen, beruht einzig und allein auf Ihrem persönlichen Stil. Die einzige Regel ist, dass Sie sich damit wohl fühlen und jedesmal, wenn Sie es ansehen, unwillkürlich lächeln müssen. Sie können Ihre Fotos in Reih und Glied auf einem weißen Hintergrund platzieren. Sie können die Fotos genauso gut kreuz und quer arrangieren und sie mit Spitze, Blumen, kleinen Herzen oder Smiley-Gesichtern schmücken. Wenn Sie möchten, können Sie einen Text hinzufügen, wie zum Beispiel „Ich bin so glücklich, dass diese wunderbare Frau mich geheiratet hat" oder „Ich bin so froh, dass ich glücklich, reich und berühmt bin." Es gibt keine Grenzen.

Schritt 4: Aufhängen

Wenn Sie mit Ihrem Vision-Board fertig sind, sollten Sie sich einfach toll damit fühlen. Hängen Sie es an einen Ort, an dem Sie es häufig anschauen können, wie zum Beispiel neben Ihren Schreibtisch. Wenn Sie ein virtuelles Vision-Board erstellt haben, drucken Sie mehrere Kopien davon aus und hängen Sie diese an strategischen Orten in Ihrem Heim auf. Meine Lieblingsplätze dafür sind:
- am Kühlschrank
- neben dem Badezimmerspiegel
- an die Wand neben meinem Schreibtisch
- neben die Badewanne

Ich denke, eine toller Ort wäre auch an meiner Haustür, sodass ich das Vision-Board jeden Morgen, wenn ich zur Arbeit gehe, sehen würde. Aber ehrlich gesagt, habe ich keine Lust jedem Menschen, der durch meine

Tür kommt, mein Vision-Board zu zeigen oder gar erklären zu müssen. Ihre ungläubigen Fragen, Zweifel oder auch Kritik wären schädlich für meine Manifestierfähigkeiten. Also vermeide ich dies einfach.

Der Punkt ist, dass wir alles so einfach wie möglich für uns und unsere Manifestiererei machen wollen. Der Umgang mit anderer Menschen Negativität erschwert dies aber. Also würde ich vorschlagen: Tun Sie es nicht. Wenn Sie Ihr Zuhause mit Familie, Mitbewohnern oder Lebensgefährten teilen, kann dies leichter gesagt als getan sein. Aber es gibt immer noch Möglichkeiten, drumherum zu kommen: Legen Sie Ihr Vision-Board in Ihren Make-up- oder Rasierbeutel; in Ihre Geldbörse, Brieftasche oder Aktentasche; legen Sie es in den Rückumschlag eines Buches, das Sie lesen, oder in Ihren Kleiderschrank. Seien Sie kreativ, ich bin sicher, Sie finden Orte, die Ihren Mitbewohnern verborgen bleiben.

Schritt 5: Anwenden

Nun da Sie Ihre Umgebung mit Bildern Ihres Herzenswunsches bestückt haben, müssen Sie dies verstärken. Jedes Mal, wenn Sie auf Ihr Vision-Board blicken, sollten Sie lächeln, Ihre positiven Gefühle hochkommen lassen und „Ja!", „Ich liebe es!", „Danke!" sagen oder denken. Sie werden feststellen, dass Sie automatisch beginnen zu lächeln und gute Gefühle zu haben, wenn Sie Ihr Vision-Board ansehen, nachdem Sie dies ein paarmal durchgeführt haben.

Schritt 6: Wenn das Universum antwortet

Nachdem Sie diese Übung eine zeitlang durchgeführt haben, werden Sie bemerken dass einzelne Elemente Ihres Vision-Boards anfangen, in Ihrem wirklichen Leben aufzutauchen. Das Auto, das Sie möchten, fährt vorbei, während Sie an einer roten Ampel warten, Sie sehen Ihren Traumort in einem Zeitschriftenartikel oder er wird im Gespräch beiläufig erwähnt. Eventuell bemerken Sie sogar bereits, dass Geld überraschend oder aus ungewöhnlichen Quellen beginnt, an Sie zu fließen. All dies sind Zeichen dafür, dass das Universum sich Ihres Traums annimmt. Das ist großartig und Sie sollten sich mit diesem Wissen einfach toll fühlen. Achten Sie darauf, das Universum für jedes dieser Zeichen zu clicken und zu belohnen, indem Sie mit Begeisterung sagen: „Ja!", „Ich liebe es!", „Danke!". Dies stärkt nicht nur Ihr Vision-Board, sondern auch die Erschaffung Ihres perfekten Lebens, während es sich Schritt für Schritt für Sie entwickelt.

Was ist ein Vision-video?

Noch mehr Spaß als Vision-Boards sind Vision-Videos. Im Grunde genommen sind sie nichts anderes als mehrere Vision-Boards, die hintereinander gestapelt sind. So haben Sie viel mehr Platz, um alle Eigenschaften dessen, was Sie wünschen, festzuhalten. Darüber hinaus können Sie Affirmationen, inspirierende Musik und sogar kleine Videos einfügen, wie zum Beispiel die romantische Kussszene Ihres Lieblingsfilms oder die

Fahrt eines kleinen Sportwagens durch Monte Carlo aus einem Werbespot. Diese Möglichkeiten erlauben Vision-Videos, Ihr Herz und Ihre Emotionen noch viel stärker anzusprechen als ein reines Vision-Board. Dies ist der Grund, warum Vision-Videos sehr effektiv sein können.

ÜBUNG 10.2: LIFESTYLE-VISION-VIDEO

Die meisten Computer werden heute mit einer kostenlosen Software geliefert, mit der Sie mühelos kleine Vision-Videos selbst erstellen können. Zum Beispiel haben Windows-Computer Moviemaker, und Macs haben iMovie. Wenn Ihr Computer nichts Derartiges vorzuweisen hat oder Sie es sich noch einfacher machen möchten, gibt es sogar spezielle Software zur Erstellung von Vision-Videos.

Schritt 1: Erstellen der Vision-Boards für Ihr Vision-Video

Teilen Sie den Lebensstil, den Sie gerne manifestieren würden, in Segmente wie Zuhause, Lebensgefährte, Familie, Einkommen, Beruf, Freunde, Wohnort, Haustiere und was Ihnen sonst noch einfällt, auf. Dann stellen Sie mit Ihrem Computer ein oder auch mehrere Vision-Boards pro Segment her. Dafür benutzen Sie dieselbe Methode wie in Übung 10.1 beschrieben. Wenn ein bestimmter Gegenstand ganz besonders wichtig ist, können Sie eine Folie mit nur diesem einen Element erstellen. Generell werden Sie aber eher verschiedene Elemente, die zu einem Segment gehören, gruppieren, da Ihr Vision-Video sonst viel zu lang wird. Ein Fünf-Minuten-Video wird von Ihnen viel öfter angeschaut werden als eines, das eine ganze Stunde dauert. Sie sollten deshalb Ihr Video kurz genug halten, dass Sie es möglichst häufig anschauen können, um seine Wirkung zu maximieren.

Schritt 2: Einfügen der Clicks & Belohnungen

Erstellen Sie drei Kopien von jedem der erstellten Vision-Boards – einmal für das Click, die zwei anderen Kopien sind für die Belohnungen. Auf die erste Kopie schreiben Sie in fetten Buchstaben: „Ja!" Die Schrift sollte groß genug sein, dass Sie sie mit Leichtigkeit lesen können, selbst wenn Sie Ihr Video auf dem winzigen Bildschirm Ihres Handys ansehen möchten. Auf die zweite Kopie schreiben Sie „Ich liebe es!" und auf die dritte „Danke!". Genauso machen Sie es für alle weiteren Vision-Boards für Ihr Vision-Video.

Schritt 3: Fügen Sie Ihre Vision-Board-Folien zu einem Video zusammen

Fügen Sie alle Folien mit Hilfe Ihrer Video-Software in der gewünschten Reihenfolge zusammen. Die drei verschiedenen Kopien jeder Folie für Click und Belohnung bleiben dabei immer in der richtigen Reihenfolge zusammen.

Schritt 4: Musik hinzufügen

Manche Software-Programme ermöglichen es Ihnen, Musik zu Ihrem Video hinzuzufügen. Musik kann eine große Hilfe bei der Intensivierung Ihrer Gefühle sein. Verwenden Sie dafür Musik, die für Sie zwar inspirierend, aber nicht störend ist. Instrumentalmusik ist meistens besser geeignet als Lieder, da Sie durch die Texte abgelenkt werden können. Natürlich können Sie beim Abspielen Ihres Vision-Videos die Lautstärke abstellen, wenn Sie sich an einem Ort befinden, an dem weder das Tragen von Kopfhörern noch der Klang der Musik angemessen wären.

Schritt 5: Anwenden

Ist Ihr Vision-Video fertig, können Sie es auf Ihr Handy, Tablet, Youtube und alle anderen Dienste hochladen, durch die Sie den besten Zugriff auf Ihr Vision-Video bekommen. Integrieren Sie das Anschauen Ihres Vision-Videos in Ihre tägliche Routine. Ideale Zeiten, das Video anzuschauen, sind zum Beispiel, während Sie warten oder Routinearbeiten nachgehen:

- während der Fahrt in öffentlichen Verkehrsmitteln
- beim Schlangestehen
- beim Zähneputzen
- beim Bügeln
- beim Abwasch
- während des Joggens
- beim Entspannen
- beim Baden

Wie Sie sehen gibt es täglich viele Möglichkeiten, Ihr Vision-Video anzuschauen. Es ist ein wirklich guter Weg, überschüssige Zeit zu nutzen, insbesondere, da Ihr Vision-Video immer bewirken sollte, dass Sie sich toll fühlen.

11. Expertentricks

Es gibt mehrere Tricks, die ich im Laufe der Jahre gelernt habe, die das Manifestieren viel einfacher für Sie machen. Ich möchte sie hier mit Ihnen teilen, damit auch Sie die besten Manifestier-Ergebnisse erzielen.

KEIN GLÜCK BEIM MANIFESTIEREN?
BLOCKADEN KÖNNTEN DIE URSACHE SEIN

Manchmal führen Manifestierer jede einzelne Übung genau wie erläutert durch und haben dennoch keinen Erfolg mit der Verwirklichung ihrer Wünsche. Meiner Meinung nach liegt dies an Widerständen gegenüber einem vermeintlich erwünschten Ergebnis. In Kapitel drei sprach ich über den inneren Polizisten und wie er versucht, Sie zu schützen, indem er Veränderungen verhindert. Das, worüber ich hier rede, ist vergleichbar, aber viel bedeutender.

Aufgrund vergangener Erfahrungen, oftmals während der Kindheit, oder von Glaubenssätzen, die Sie in Ihr Denken integriert haben, blockieren Sie sich möglicherweise selbst. Um erfolgreich zu manifestieren, müssen Sie diese Blockaden auflösen. Eine Methode, die ich besonders mag und bei meinen Coaching-Kunden verwende, um solche Blockaden aufzulösen, ist das Meridian-Klopfen, eine energetische Methode, die auch unter dem Namen EFT bekannt ist. Mit EFT können Sie energetische Blockaden verarbeiten, die Sie daran hindern, Ihr höchstes Potenzial zu erreichen, einschließlich Traumata und sogar Erkrankungen. Weitere Informationen über EFT finden Sie mit Leichtigkeit im Internet.

DIE MACHT DER VIELEN

Allein im stillen Kämmerlein zu manifestieren, kann effektiv sein. Manifestiert man jedoch in der Gruppe, können die Ergebnisse geradezu magisch sein, so schnell und einfach wird es. Das Manifestieren in Gruppen profitiert nicht nur von den zusätzlichen Energien, die zur Verfügung stehen. Es enthebt Sie auch von dem Druck, allein für das Ergebnis verantwortlich zu sein. Dies erlaubt Ihnen, sich ohne Druck und

Versagensängste, die Ihre Manifestationen blockieren können, auf Ihr gewünschtes Ziel zu fokussieren. Sie werden dadurch lockerer, was beim Manifestieren immer besser funktioniert als Verbissenheit.

Ein weiterer Vorteil ist, dass die anderen Mitglieder Ihres Manifestierkreises emotional nicht so stark an Ihrem Ergebnis hängen wie Sie. Die Fähigkeit, das Ergebnis loszulassen, ist aber ein wichtiger Faktor beim erfolgreichen Manifestieren. Deshalb ist es meist einfacher für jemand anderen anstatt für sich selbst etwas zu manifestieren. Gruppen-Manifestationen profitieren erheblich davon.

Ich bin die Betreiberin eines Haustierforums, in dem wir Gruppen-Manifestationen recht häufig für kranke Tiere verwenden. Die Ergebnisse sind beeindruckend und der Prozess ganz einfach. Einer von uns startet offiziell den „Hexenkessel", wie er liebevoll von uns genannt wird. Die Besitzerin des kranken Tieres postet ein Bild des Tieres in gesunden und glücklichen Tagen ins Forum. Alle, die helfen und am Hexenkessel teilnehmen möchten, fokussieren sich auf dieses Bild und senden positive Energie dahin. Somit wird die Visualisierung des Tieres im gesunden Zustand von uns allen mit starker positiver Energie unterstützt. Es ist wirklich erstaunlich, wie oft sich der Zustand eines Tieres, das so von uns behandelt wurde, schlagartig verbessert.

Wenn irgend möglich, sollten Sie also unbedingt eine Gruppe Gleichgesinnter finden, die einander in ihren Manifestierungen unterstützen können. Sie müssen sich dafür nicht persönlich treffen. Internet-Freundschaften funktionieren genausogut für diesen Zweck. Allerdings hilft es, visuelle Informationen zu teilen, wie zum Beispiel Fotos oder Vision-Boards, sodass sich alle wirklich auf exakt das gleiche Ergebnis konzentrieren können. Schlussendlich kann Ihr Traumhaus ganz anders aussehen als das eines anderen.

GEFÜHLE ALS ENERGIEINDIKATOREN

Achten Sie auf Ihre Gefühle. Oft fühlen Sie sich angespannt, unruhig, unglücklich oder besorgt, bevor Sie bewusst wahrnehmen, dass Sie negativen Gedanken nachhängen. Somit sind solche Gefühle ein ausgezeichnetes Frühwarnsystem für Sie, dass Ihnen zeigt, dass Sie Ihre Aufmerksamkeit gerade auf Unerwünschtes richten. Sobald Ihnen dies bewusst wird, können Sie Ihre Gedanken wieder auf Ihre gewünschten Ergebnisse ausrichten und Ihre Manifestier-Energie dorthin schicken. Sie sollten sich dabei toll fühlen.

VERMEIDEN SIE DIE UNGLÄUBIGKEIT ANDERER

Erzählen Sie nicht herum, dass Sie etwas Manifestieren wollen. Viele werden nicht glauben, dass dies möglich ist und sogar versuchen, es Ihnen auszureden. Es ist nicht Ihre Aufgabe Missionar zu spielen. Kümmern Sie sich um Ihren eigenen Kram.

Wenn Sie häufig mit Ungläubigen sprechen, schaden Sie nur sich selbst. Deren Ungläubigkeit, Negativität und Versuche, alles lächerlich zu machen oder Sie umzustimmen, werden das Manifestieren erheblich für Sie erschweren. Warum sollten Sie sich das antun? Unser Ziel ist es, das Manifestieren so einfach wie möglich für Sie zu machen. Ich würde Ihnen deshalb unbedingt raten, Ihre Bemühungen nur solchen Menschen mitzuteilen, die ebenfalls daran glauben und Ihre Anstrengungen unterstützen.

GEFÜHLEJOURNAL

Vor langer, langer Zeit, als es noch große Kurtisanen gab, beobachteten diese sorgfältig Ihre Gönner und führten Journale über sie. Die Journale halfen, den Kurtisanen, ihre Kunden in amoröser Stimmung zu halten. So wurden in diesen Journalen alle möglichen Dinge notiert: Welche Speisen wirkten auf den Gönner wie ein Aphrodisiaka? Welche machten ihn schläfrig? Welche Düfte regten ihn an? Welches Licht bevorzugte er? Welche Farben? Und so weiter.

Ich schlage Ihnen vor, ebenfalls zu einer großen Kurtisane zu werden – mit dem Unterschied, dass Sie selbst Ihr einziger Kunde sind. Worauf Ihr Journal sich konzentrieren sollte, sind die Dinge, die Sie in großartige Laune versetzen. Dinge, die Sie intensive Gefühle der Liebe, des Glücks und der Dankbarkeit verspüren lassen. Welche Umgebung, Speisen, Temperaturen, Bekleidung, Farben, Getränke etc. versetzen Sie in eine Laune, die vor positiver Energie geradezu sprüht? Gehen Sie durch Ihr Heim, Ihr Büro und Ihren Garten. Richten Sie Ihre Aufmerksamkeit während Ihres gesamten Tages auf Ihre Gefühle und werden Sie sich bewusst, wie Sie auf bestimmte Menschen und Dinge gefühlsmäßig reagieren. Dann integrieren Sie so viele positive Dinge Ihres Gefühlsjournals wie möglich in Ihr tägliches Leben. Umgeben Sie sich so gut es geht mit Menschen und Dingen, die Sie innerlich wohlig schnurren lassen wie eine zufriedene Katze.

Sie sollten sich bei der Erstellung Ihres Gefühlejournals zwar nicht auf schlechte Gefühle konzentrieren. Aber wenn Ihnen etwas auffällt, das Ihre gute Laune vernichtet, sollten Sie dies ebenfalls notieren und zukünftig wie die Pest vermeiden. Schmeißen Sie die Dinge und Menschen aus Ihrem Leben, die Sie herunterziehen.

EINKAUFEN

Wenn Sie zukünftig Bekleidung kaufen, sollte die wichtigste Frage nicht mehr „Sehe ich darin fett aus?" sein. Fragen Sie sich stattdessen: „Wie fühle ich mich darin?" Leben Sie mit Ihren Sinnen! Tragen Sie Kleidung, in der Sie nicht nur toll aussehen, sondern sich auch grandios fühlen.

Wenn Sie Haushaltseinkäufe tätigen, halten Sie die Produkte in Ihren Händen. Schauen Sie sie an. Schnuppern Sie daran. Wie fühlen sich diese Produkte für Sie an? Strahlen Sie, wenn Sie Ihren Sinnen erlauben, diese Produkte zu erfahren? Solche Nahrungsmittel und andere Produkte werden gut für Sie sein. Sie werden Ihnen helfen, sich gut zu fühlen, und Ihnen schlussendlich bei Ihren Manifestierungs-Übungen helfen.

FRUSTKÄUFE

Oft gehen wir shoppen, wenn wir uns mies fühlen, in der Hoffnung, dass wir uns besser fühlen werden, wenn wir uns ein wenig verwöhnen. Leider ist das Gegenteil der Fall. Wenn wir uns mental an einem Ort der negativen Energie befinden, werden wir uns zu Gegenständen hingezogen fühlen, die genau diese Energie widerspiegeln. Das sind natürlich Dinge, die wir auf keinen Fall in unser Zuhause bringen oder tragen sollten. Oft ist uns dies unterbewusst klar, sodass solche Gegenstände in der hintersten Ecke des Schrankes vergammeln. Mein Rat an Sie: Vermeiden Sie Frustkäufe und machen Sie stattdessen Belohnungskäufe wenn es Ihnen wieder besser geht!

AUSMISTEN

Wenn Sie Dinge in Ihrem Zuhause haben, die Sie selten oder nie verwenden, dann sind dies meist Gegenstände, die für Sie negative Energieträger sind. Sie sollten Ihr Heim schnellstmöglich davon befreien. Glücklicherweise können solche Gegenstände eine tolle Energie für den nächsten Besitzer haben, wenn Sie sie mit Liebe im Herzen und einem fetten Lächeln weggeben.

Auszumisten hat definitive Vorteile für Sie. Sie werden negative Energien los und machen Platz für Dinge in Ihrem Heim und Ihrem Leben, die für Sie positive Enegergieträger sind. Ich schlage Ihnen vor, sich selbst die folgende Hausregel zu setzen: Für jeden neuen Gegenstand, den Sie mit nach Hause bringen, müssen

Sie mindestens einen negativen Energiegegenstand los-
werden. Stückchen für Stückchen wird Ihr Heim so mit
Gegenständen gefüllt, die für Sie positive Energieträger sind und dazu führen, dass Sie sich toll fühlen.

GUTE-GEFÜHLE-AKTE

Manchmal, wenn man einen Durchhänger hat, kann es
schwierig sein, wieder herauszukommen. Eine Gute-
Gefühle-Akte kann dabei außerordentlich hilfreich sein.

Was ist eine Gute-Gefühle-Akte?

Eine Gute-Gefühle-Akte ist schlichtweg eine Samm-
lung von Unterlagen, die zeigen, dass andere Leute
Sie schätzen. Dies wiederum führt dazu, dass sich
Ihr Selbstwertgefühl hebt. Mir ist bewusst, dass viele
spirituelle Führer lehren, dass Ihre eigene Wertschät-
zung von innen kommen sollte. Aber ehrlich – das ist
einfach nicht die Art wie die meisten von uns erzogen
wurden. Bis wir also so weit sind, dass wir uns von den
Meinungen anderer komplett losgelöst haben, gibt es
kaum etwas, dass uns schneller gut fühlen lässt wie das
Lob Dritter.
Eine Gute-Gefühle-Akte kann ein Dateiordner auf
Ihrem Computer sein, aber auch eine physische Samm-
lung, wie zum Beispiel ein Aktenordner oder ein
Schuhkarton. Meine eigene Gute-Gefühle-Akte ist
ein Verzeichnis in meinem E-Mail-Konto. So habe ich
so gut wie jederzeit und von jedem Ort Zugang dazu,

wann immer ich sie brauche. Was auch immer Sie als Gute-Gefühle-Akte wählen, jeder Schriftverkehr, der Sie betrifft und der dazu führt, dass sich Ihr Selbstwertgefühl hebt, gehört dort hinein. Das kann ein Empfehlungsschreiben eines Kunden sein, Lob Ihres Chefs, ein Freund, der Ihnen schreibt wie sehr er Ihre Hilfe schätzt, oder was auch immer Sie zum Lächeln bringt. Auf der Arbeit werden dies E-Mails oder Briefe von Kunden, Kollegen oder Vorgesetzen sein, die Sie loben. Privat kann es alles Schriftliche sein, das dazu führt, dass Sie sich besser fühlen.

Falls Sie wirklich keinerlei Schriftstück besitzen, in dem Sie in irgendeiner Form gepriesen werden, dann können Sie ein solches auch selber verfassen. Schreiben Sie ein Memo an sich selbst über etwas, das passiert ist, das dazu führte, dass Sie sich bestätigt und menschlich wertvoll fühlten. Besser wäre es jedoch ein solches Schreiben von einem anderen Menschen zu erhalten, da uns die Meinung anderer leider in der Regel wichtiger ist als unsere eigene.

NEGATIVE GEFÜHLE VERWERTEN

Da wir alle nur zu menschlich sind, gelingt es uns bei allem Bemühen niemals, uns nur auf Positives zu fokussieren. Gelegentlich wird das Leben uns so stark aus der Bahn werfen, dass negative Gefühle wie Wut, Hass oder Trauer unvermeidbar sind. Normalerweise würden wir versuchen, solche Gefühle so schnell wie möglich aufzulösen, damit wir nicht noch mehr solcher

Ereignisse anziehen. Es geht aber auch anders. Negative Gefühle können nämlich auch eingespannt werden, um unsere Manifestationen zu verwirklichen.

Negative Gefühle können extrem stark und klar sein. Ich finde, es ist eine Schande, sie zu verschwenden, wenn man sie denn schon einmal hat. Allerdings müssen Sie dabei sehr diszipliniert agieren. Sie dürfen sich auf keinen Fall von diesen negativen Gefühlen vereinnahmen lassen. Sie als Person müssen separat davon stehen. Sie haben zwar diese negativen Gefühle, aber Sie bestehen nicht aus ihnen. Schlussendlich werden Sie sie gemeinsam mit Ihrem Wunsch loslassen müssen. Um negative Gefühle zu verwenden, gehen Sie wie folgt vor: Visualisieren Sie in Ihrem Kopf ein lebhaftes Bild von dem, was Sie manifestieren möchten. Schmücken Sie alle Details Ihres Wunsches aus. Wenn Sie ein ganz klares Bild im Kopf haben, schießen Sie alle negativen Gefühle, die in Ihnen rumoren mit voller Wucht auf dieses Bild. Sie können dies noch zusätzlich betonen, indem Sie gleichzeitig scharf ausatmen. Dann geben Sie dem Bild und den negativen Gefühlen einen mentalen Schubser, um sie auf ihren Weg zu schicken: weg von Ihnen und hinein ins Universum. Anschließend atmen Sie einmal tief ein und aus. Mittlerweile sollten Sie insgeheim bereits wieder ein wenig lächeln. Schließlich haben Sie allen Grund dazu, denn ...

- die Person oder Situation, die Sie so aufgebracht hat, hilft Ihnen tatsächlich, Ihre Wünsche zu erreichen. Das würde ihr doch sicherlich stinken, wenn sie es wüsste. Ist das nicht klasse?

- Sie haben soeben der Manifestierung Ihrer Wünsche richtig viel Energie gegeben.
- die negativen Gefühle sind weg.
- Sie haben diese ganzen negativen Gefühle richtig schön für sich und Ihre Ziele eingespannt.

Anna G. Shiney

12. Das Ende

Wohin geht die Reise von hier weiter? Je mehr Sie das Clickertraining des Universums praktizieren, desto stärker wird es in Ihr Leben integriert werden. Es kommt der Punkt für jeden Trainer, an dem er nicht mehr klar definierte Übungsstunden hat, sondern stattdessen das Clickertraining lebt, weil es ihm so in Fleisch und Blut übergegangen ist. Das sind die Leute, die wohlerzogene Tiere haben, obwohl Sie gar nicht mit ihnen zu trainieren scheinen.

In gewisser Hinsicht ist es so. Sie haben keine formellen Trainingsstunden mehr. Aber da sie Clickertraining leben, erhält das Tier ständiges Feedback bezüglich seines Verhaltens. Insbesondere wird das Tier belohnt, wann immer es ein Verhalten zeigt, dass dem Besitzer gefällt. Einem Außenstehenden scheint es, als ob das Tier sich geradezu selbst erzieht. In Wahrheit ist jedoch das Gegenteil der Fall. Das Verhalten des Tieres wird ohne Unterlass in die gewünschte Richtung geformt. Der Trainer denkt noch nicht einmal mehr darüber nach. Richtig zu reagieren ist so eingefahren, dass das Belohnen seines Hundes so automatisch und natürlich geschieht wie Atmen oder Laufen.

Nur wenn er seinem Tier etwas Bestimmtes beibringen will, wird der Trainer eine formelle Trainingsstunde abhalten. Aber auch diese wird kurz, leicht und voller Spaß sein. Er liebt sein Tier, und sein Tier liebt ihn, da ihre Beziehung ausschließlich auf positiven Interaktionen aufgebaut ist.

Mit dem Clickertraining des Universums verhält es sich genauso. Bleiben Sie dran und integrieren Sie es in Ihr tagtägliches Leben. Dann werden auch Sie an den Punkt gelangen, an dem Sie nicht mehr bewusst zu üben brauchen.

Sie werden automatisch Ihre Gedanken und Gefühle dergestalt ausrichten, dass Ihr Leben scheinbar mühelos in eine immer besser werdende Realität evolviert. Wann immer sich ein ganz bestimmter Wunsch in Ihnen regt, werden Sie automatisch kurz Ihre Aufmerksamkeit darauf richten und ihm positive Energie schicken. So werden Sie einfach und mühelos Ihren Wunsch manifestieren. Wie bei allem Training trainiert der Trainer in Wahrheit sich selbst und nicht den Schüler.

Zguterletzt: Das englische Wort für Hund – Dog – ist rückwärts geschrieben – God = Gott. Sie sind Gott. Sie kreieren Ihre eigene Realität.

Viel Spaß beim Training und Genießen Ihrer Wünsche,

Ihre Anna G. Shiney

P.S. Ich würde mich freuen, von Ihnen und Ihren Trainingserfolgen zu hören. Hinterlassen Sie einfach einen Kommentar auf meiner Facebook-Seite (www.facebook.com/annashiney).

Die Autorin

Anna G. Shiney ist das Pseudonym für Bücher im Eso-terikbereich von Ann M. Castro, einer erfolgreichen Autorin von Büchern zum Thema Papageientraining und -gesundheit.

Ann Castro ist seit ihrer Kindheit von Vögeln und anderen Tieren umgeben. Aufgewachsen in einer Mediziner-familie – die Mutter züchtete nebenbei Wellensittiche –, hat sie sich schon früh mit verhaltenspsychologischen und tiermedizinischen Themen auseinandergesetzt.

Seit Jahren engagiert sich die Autorin in ihrer Freizeit verstärkt für Papageien. Ihr Spezialgebiet ist die Arbeit mit physisch und psychisch kranken Papageien. 2003 hat Ann M. Castro die gemeinnützige AdlA Papagei-enhilfe gGmbH gegründet. AdlA steht für „Amigos de las Aves" und bedeutet Vogelfreunde. Ziel der Papagei-enhilfe ist es, das Leben von Papageien in der Gefan-genschaft zu verbessern, insbesondere durch Aufklä-rungsarbeit in Bezug auf Haltung, Gesundheit und Verhalten. Ann M. Castro wird selbst von Tierärzten und Zoohändlern zu Rate gezogen und war bereits in zahlreichen Fernsehsendungen als Papageienexpertin zu Gast. Die studierte Ingenieurin der Verfahrenstech-nik (B.A.Sc.) hat einen Master of Business Adminis-tration (M.B.A.) und arbeitet in leitender Funktion in der Finanzdienstleistungsbranche.

Weitere Publikationen von Ann Castro

Clickertraining für Papageien, Sittiche und andere Vögel
Das Clickertrainingbuch für Einsteiger erklärt, wie Clickertraining funktioniert. Es führt Sie Schritt für Schritt durch alle Anfängerübungen und zeigt Ihnen, wie Sie Ihren Vögeln nützliche und unterhaltsame Verhaltensweisen beibringen können. Das Training wird Ihnen und Ihren Vögeln garantiert Spaß machen und Ihre Beziehung festigen.
Broschiert: 152 Seiten, ISBN-13: 978-3939770015

Mehr Clickertraining für Papageien, Sittiche und andere Vögel
Das Clickertrainingbuch für erfahrene Trainer. Es führt Sie an fortgeschrittene Übungen heran, wie zum Beispiel Namen lernen, Auf Deinen Platz, Bleib, In den Käfig, Füßchen geben, Apportieren, Such-Verloren u.v.a.m. Es enthält außerdem diverse Medical-Training-Übungen, wie zum Beispiel In die Transportbox gehen, Krallen schleifen, Aus der Spritze trinken, Fuß untersuchen und behandeln, Drei-Finger-Griff, Flügel untersuchen.
Broschiert: 196 Seiten, ISBN-13: 978-3939770060

Die Vogelschule. Beißen & Aggressionen.
Probleme lösen mit Clickertraining
Band 3 des Erfolgsbuches „Die Vogelschule. Clickertraining für Papageien, Sittiche und andere Vögel". Das Verhaltenstherapiebuch für geübte Clickertrainer. Es zeigt Ihnen

wie Sie mit Hilfe des Clickertrainings die Verhaltensprobleme Beißen und Aggressionen therapieren können.
Broschiert: 76 Seiten, ISBN-13: 978-3939770442

Die Vogelschule. Schreien & Kreischen.
Probleme lösen mit Clickertraining
Band 4 des Erfolgsbuches Die Vogelschule. Clickertraining für Papageien, Sittiche und andere Vögel. Das Verhaltenstherapiebuch für geübte Clickertrainer. Es zeigt Ihnen wie Sie mit Hilfe des Clickertrainings die Verhaltensprobleme Schreien und Kreischen therapieren können.
Broschiert: 68 Seiten, ISBN-13: 978-3939770480

Erste Hilfe für Papageien, Sittiche und andere Vögel
Das Erste-Hilfe-Buch für Vogelhalter bereitet Sie auf den Notfall vor. Im Detail beschreibt es die Erstellung einer homöopathischen und einer schulmedizinischen Notfallapotheke, Vorbereitung eines Behandlungsraumes und Erste-Hilfe-Maßnahmen. Das Buch beinhaltet Detailinformationen zu etlichen Verletzungen und Erkrankungen und deren Erstbehandlung.
Broschiert: 232 Seiten, ISBN-13: 978-3939770022

Gesundheitspass für Papageien, Sittiche und andere Vögel

Der Gesundheitspass erlaubt Ihnen, alle wichtigen gesundheitlichen Informationen zu Ihren Vögeln auf einen Griff zur Hand zu haben. Es werden alle erforderlichen Untersuchungen detailliert aufgeführt sowie Erkrankungen und Unfälle. Abgerundet wird der Gesundheitspass mit einer fünfjährigen wöchentlichen Gewichtstabelle.
Broschüre: 44 Seiten, ISBN-13: 978-3939770046

Aus der Serie Geschichten aus der Vogelschule

www.ingramcontent.com/pod-product-compliance
Lightning Source LLC
Chambersburg PA
CBHW072357090426
42741CB00012B/3065